# Deutschland BLACKOUT

## Überleben bei totalem Stromausfall

### Das perfekte Krisenvorsorge Buch für Notfall Ausrüstung, Katastrophenschutz und Krieg

### (Prepper Nahrung, Notfallausrüstung, Vorsorge)

Lutz Winter

# IMPRESSUM

Deutschland BLACKOUT – Überleben bei totalem Stromausfall
Das perfekte Krisenvorsorge Buch für Notfall Ausrüstung, Katastrophenschutz und Krieg (Prepper Nahrung, Notfallausrüstung, Vorsorge)

Bibliografische Information der Deutschen Nationalbibliothek: Die Deutsche Nationalbibliothek verzeichnet diese Publikation in der Deutschen Nationalbibliographie; detaillierte bibliografische Daten sind im Internet über dnb.dnb.de abrufbar.

Originalauflage



Verlag: Resonanz Buchverlag (RBV) - Iserbrooker Weg 13 - 22589 Hamburg
Herstellung: BoD – Books on Demand, Norderstedt

ISBN 978-3-949859-06-9

Design und Layout: *atelier conception*, Hamburg
Erstellt mit Canva Pro Media Stock, Canva Pty Ltd.

Gender-Hinweis
Aus Gründen der besseren Lesbarkeit wird auf die gleichzeitige Verwendung der Sprachformen männlich, weiblich und divers (m/w/d) verzichtet. Sämtliche Personenbezeichnungen gelten gleichermaßen für alle Geschlechter.

# WIDMUNG

Für die Bürger dieses Landes -

Denn wo ein Wille ist, ist auch ein Weg!

# INHALTSVERZEICHNIS

# EINLEITUNG

## „Es ziehen dunkle Wolken über Deutschland auf"

Was zurzeit überall auf der Welt vorgeht und von was auch wir hier in Deutschland und in Europa mittlerweile betroffen sind, verschlägt einem den Atem. Wer wäre wohl vor ein paar Jahren davon ausgegangen, dass unsere heile und rosarote Welt so schnell eingeebnet werden könnte. Große Krisen, Katastrophen und Kriege waren bisher in unserem Leben immer sehr weit weg. Betroffen waren regelmäßig nur andere Länder, denen wir Deutschen dann sehr gerne und hilfsbereit unter die Arme gegriffen haben. Die anderen waren die Opfer und wir die großartigen Helfer. Doch dieser großmännische Traum scheint nun ein für allemal für uns Deutsche, aber auch für viele andere europäische Länder ausgeträumt zu sein. Willkommen in der Realität!

Zwei Jahre lang haben die behördlichen Corona-Maßnahmen bereits verheerende Schneisen sowohl in die deutsche Wirtschaft aber auch in das Leben jedes Einzelnen geschlagen. Kaum haben wir ein bisschen Luft holen können, schon das nächste Dilemma: Krieg in Europa. Millionen von Menschen flüchten, es gibt Leid und Zerstörung in einem Ausmaß, dass wir nahezu für unmöglich gehalten hatten. Als ob das alles nicht genug wäre, begann aber zeitgleich ein enormer Wirtschaftskrieg, an dem man sich nicht hätte beteiligen müssen, wozu sich die deutsche Regierung dann aber dennoch entschieden hat. Deutschland liefert also Waffen und beteiligt sich an den Sanktionen und Russland antwortet prompt. So sei es!

Die harte Konsequenz ist aber, dass wir bei einem schlechten Verhältnis zu Russland ab sofort nicht mehr damit rechnen können, dass wir verlässlich Gas aus Russland erhalten. Russland war aber bisher unser Hauptlieferant für Gas. Anders, als man in naiver Weise annehmen könnte, benötigen wir Gas nicht nur zum Grillen oder zum Betreiben von Gasautos, vielmehr hängt die gesamte Industrie in Deutschland am Gashahn und das Gas ist so etwas wie das Blut für den Kreislauf der deutschen Wirtschaft. Da der Verlust der Gas-Einfuhren aus Russland in den nächsten Jahren alles andere als leicht zu kompensieren sein wird, stehen wir nun wirklich vor sehr harten Zeiten, die fast so unglaublich klingen, dass man denkt, man sei *im falschen Film*.

Neben dem Ausfall von Heizungen im Winter für Millionen von Privathaushalten droht die Abschaltung der gesamten deutschen Industrie und damit ein Zerfall unserer Gesellschaft. Deutschland könnte sich schneller wieder in der Steinzeit befinden, als uns allen im Moment bewusst ist. Denn die Industrie als das Aushängeschild Deutschlands würde durch eine dauerhafte Halbierung oder sogar noch eine größere Verringerung der Energiebereitstellung quasi über Nacht pulverisiert werden. Da die Energiemärkte aber miteinander verbunden sind, wird sich eine deutliche Verknappung der Gaslieferung automatisch auch auf die Bereitstellung der Energie im europäischen Stromnetz sofort und unmittelbar auswirken. Aufgrund verschiedener Konstellationen, die in diesem Buch sehr genau aufgearbeitet werden, sind Blackouts sowieso nur eine Frage der Zeit. Das war auch bisher nicht anders. Wenn es aber nun in den nächsten Monaten zu der erwarteten Verschärfung auf dem Energiemarkt kommt, dann wird eine neue Stunde Null für uns alle herannahen. Wir müssen mit dem Schlimmsten rechnen. Der Blackout wird kommen. Und mit ihm die verheerenden Folgen.

Beim Umgang mit Krisen und Katastrophen gibt es immer zwei Möglichkeiten des Verhaltens. Plant man nach einem *Best-Case-* oder nach einem *Worst-Case-Szenario*? Die meisten Menschen sind immer noch so sehr im Tiefschlaf, dass sie sich einfach nicht vorstellen können, was gerade abläuft. Sie rechnen mit dem Best-Case, also dem am besten anzunehmenden Fall getreu dem Motto: „Das wird schon nicht schief gehen." Oder: „Die Regierung wird uns bei einem Blackout schon helfen und uns mit allem was wir benötigen versorgen." Hier ist wohl vielmehr der Wunsch Vater des Gedankens und wer sich so verhält, könnte in nur wenigen Monaten ein böses Erwachen aus seiner rosaroten Traumwolke erleben.

Wer allerdings schon aufgewacht ist, der plant nach einem Worst-Case-Szenario. Er stellt sich also auf den schlimmsten anzunehmenden Fall ein, den wir uns zugegeben alle nicht wünschen, der aber dennoch eintreten kann. Nur wer sich akribisch vorbereitet, wird die besten Chancen haben, relativ unbeschadet diese Krise zu überstehen. Mit der Lektüre dieses umfassenden Profi-Buches wird diese Vorbereitung die beste Grundlage haben, die es überhaupt gibt. Denn wer sich die hier dargelegten Ratschläge zu Herzen nimmt und umsetzt, wird ganz sicher seine Überlebensfähigkeit und die seiner Liebsten auch in Zukunft sicherstellen können. Solche

Menschen braucht unsere Gesellschaft, denn sie sind das Rückgrat derselben. Menschen die selbstständig denken und handeln, um sich mutig der herannahenden Krise zu stellen.

Es sind nicht etwa durchgeknallte Prepper, welche hier Verschwörungstheorien verbreiten, es sind vielmehr mittlerweile hunderte, wenn nicht sogar tausende von Experten, die vor dem Szenario eines flächendeckenden und langanhaltenden Blackouts warnen. So warnte beispielsweise Goldman Sachs kürzlich vor eben diesen Blackouts in Kürze für Europa im Zuge niedriger Erdgasreserven. Das Nachrichtenunternehmen Bloomberg zeichnet dasselbe Szenario. Demzufolge hätten bereits aktuell eine Milliarde Menschen weltweit mit Blackouts zu rechnen. Die deutsche Regierung ist mittlerweile dazu übergegangen, die Bevölkerung dazu aufzurufen, Notstromaggregate einzukaufen. Es werden offiziell Krisenpläne aufgestellt, wie im Winter das Warmwasser in Großstädten reguliert wird.

**„Es ziehen dunkle Wolken über Deutschland auf".**

Dieser Satz stammt nicht etwa von mir, sondern er kommt aus dem Mund des Bayerischen Ministerpräsidenten Markus Söder, gesprochen im Juli 2022. Und Wirtschaftsminister Habeck spricht bezüglich der möglichen Zuteilung von Gasmengen von einer *Zerreißprobe für Deutschland und einem politischen Albtraum-Szenario.*

Als langjähriger Angehöriger des Militärs und als absoluter Spezialist im Bereich Krisen- und Katastrophenbewältigung, glaube ich sehr gut zu wissen, was in solchen Situationen zu tun ist. In einer für Deutschland schweren Zeit sehe ich es deshalb als meine Pflicht an, dieses Wissen bereitwillig auch an andere preiszugeben, um damit größtmöglichen Schaden von unserem Land und seinen Bürgern abzuwenden.

Ich wünsche deshalb allen Leserinnen und Lesern dieses Buches, dass sie sich die hierin genannten Ratschläge zu Herzen nehmen und am besten noch heute mit der Umsetzung beginnen. Wer bis morgen wartet, für den kann es schon zu spät sein. Wer jedoch heute beginnt, der macht alles richtig und dessen Überlebenswahrscheinlichkeit und dessen Durchhaltefähigkeit steigen sofort rapide nach an. Trotz der Ernsthaftigkeit des Themas habe ich alle Inhalte so anschaulich, interessant und kurzweilig wie möglich dargestellt.

Jede Krise bringt aber auch die Möglichkeit mit, sich neu zu erschaffen. Wer schwierige Zeiten übersteht, der geht in aller Regel gestärkt aus ihnen hervor. Wer dem Ernst der Lage nicht ausweicht, sondern sich ihm gut vorbereitet stellt, der wird sich am Ende zu den Siegern zählen können. Mit diesem Buch ist ganz sicher der Anfang dafür getan.

# 1. Kapitel: Strom und Gas - Die Lebensadern

Bis vor kurzem galt die Vorstellung von einem totalen Stromausfall in Deutschland noch als Verschwörungstheorie. Die Leute, die so etwas äußerten, galten als gefährliche Prepper und Selbstversorger, die anscheinend nicht wahrhaben wollten, wie sicher die Stromversorgung und Energieversorgung in Deutschland sei. Diese Leute sprachen davon, dass ein bevorstehender Blackout nur eine Frage der Zeit sein würde und niemand wollte auf sie hören.

Nun haben wir also die Zeitenwende. Kurz nach Kriegsbeginn in der Ukraine begann der Westen mit Sanktionsmaßnahmen gegen Russland. Russland wiederum ist einer der Haupt-Energielieferanten (Gas, Steinkohle, Uran-Brennstäbe) für Europa insbesondere für Deutschland. Jeder Fünfjährige konnte sich nun leicht vorstellen, was die baldigen Konsequenzen des gegenseitigen Sanktionierens sein würden: Je stärker Russland sanktioniert werden würde, desto wahrscheinlicher würden Energieausfälle in Europa insbesondere in Deutschland sein. Das Worst-Case-Szenario konnte schon sehr früh zu Beginn des Konflikts erkannt werden: Wenn es hart auf hart kommen würde, dreht Russland den Gashahn einfach komplett zu und versetzt Deutschland damit automatisch in eine existenzielle Energiekrise.

*Wie naiv muss man eigentlich sein, mit jemandem einen Konflikt zu beginnen, der eindeutig am längeren Hebel sitzt?*

Obwohl dies von Anfang an absehbar war, scheute unsere Regierung nicht davor zurück, diesen Weg ins Nirgendwo beharrlich weiterzugehen. Das Ergebnis können wir nun sogar in den öffentlich-rechtlichen Nachrichtensendungen bestaunen: Die Alarmstufe des Notfallplans Gas wurde durch den Bundeswirtschaftsminister ausgerufen und bereits verschärft. Das bedeutet nichts anderes, als das nun auch bei der Regierung offiziell angekommen ist und durch sie verlautbart wird, dass wir spätestens im Herbst 2022 auf eine erhebliche Energiekrise in Deutschland zu steuern, deren Ausmaß bisher ins Reich der oben genannten Verschwörungstheorien gehörte. Doch diese grausame Dystopie scheint sich nun tatsächlich zu bewahrheiten.

Nun spricht selbst der Bundeswirtschaftsminister in den Medien vor laufenden Kameras Klartext: Am 21. Juni 2022 sagte er im Rahmen seiner Rede zum Tag der Industrie, dass die Gasproblematik schlimmer werden könne, als die Corona Pandemie. Diesen Satz muss man sich tatsächlich zweimal durchlesen, um seine Tragweite vollständig verstehen zu können. Schließlich wurden die gesamte Menschheit und natürlich auch die Deutschen von der Corona Pandemie und hier insbesondere von den durch den Staat exekutierten Zwangsmaßnahmen über mehrere Jahre hinweg regelrecht malträtiert. Völlig außer Frage steht für jeden vernünftig denkenden Menschen, dass die Corona-Maßnahmen-Politik mit all ihren Einschränkungen ein erhebliches Maß an Verschlechterung des Lebensstandards gebracht hat. Nun, so der Bundeswirtschaftsminister, würde die Gasproblematik also schlimmer werden als die Coronamaßnahmen. Noch schlimmer, als das was wir in den letzten zwei Jahren erlebt haben.

Umso interessanter ist es, dass die Regierung bereits jetzt auf diese Gefahr hinweist, obwohl wir von der Krise bisher noch relativ wenig zu spüren bekommen haben. Wenn die Regierung sich zu so einem Handeln nun hinreißen lässt, bedeutet das nichts Gutes. Die Lage dürfte tatsächlich ziemlich ernst sein. Anders können die Worte des Bundeswirtschaftsministers nicht verstanden werden.

Nun kann es möglich sein, dass nicht jeder sofort den Zusammenhang versteht zwischen eingeschränkten Gaslieferungen und einem möglichen Strom Blackout. Manch einer könnte sagen, er sei gar nicht an die Gasversorgung angeschlossen und deshalb beträfe ihn eine Gas-Verknappung auch nicht. Das ist selbstverständlich ein Irrglaube. Sämtliche Energiemärkte bilden ein in sich geschlossenes System. So würde einer Verknappung der Gasversorgung nicht nur zu einem Gas-Blackout führen, sondern ebenso einen Strom- und damit einen Gesamtenergie-Blackout nach sich ziehen.

Die gesamte moderne Gesellschaft ist aber in einer Art und Weise von dem täglichen, stündlichen ja sogar minütlichen Energiefluss in einer Art abhängig, die ein unbeschreibliches Ausmaß angenommen hat. Unsere Haushaltsgeräte, unsere Fortbewegungsmittel, unserer Telekommunikationsanlagen, unserer Computer inklusive E-Mail und Internet, aber auch die gesamte Industrie funktionieren nur dann, wenn sie ausreichend Energie zur Verfügung haben. Ohne diese Energie sind sämtliche Maschinen und Anlagen sofort tot. Und das ohne jede Vorankündigung.

# 2. Kapitel: Historie verschiedener Blackouts

Blackouts gab es in der Vergangenheit schon öfter. Meist waren diese nur von kurzer Dauer, jedoch waren ihre Auswirkungen oft verheerend. Hier einige Beispiele: In New York geht im Jahre 1977 plötzlich das Licht aus. Die Stadt ist für ca. vierundzwanzig Stunden komplett ohne Strom. Da auch Aufzüge elektrisch gesteuert werden, sind tausende in den Wolkenkratzern eingeschlossen und müssen befreit werden. Durch die Dunkelheit kommt der komplette Straßenverkehr zum Erliegen. Ein einziges Chaos. Die Rettungskräfte stehen vor unlösbaren Aufgaben. Wie sollten zum Beispiel die Rettungs- oder Streifenwagen einen Einsatzort erreichen, wenn die Straßen komplett versperrt sind? Wie sollten Menschen gewarnt oder informiert werden, wenn Fernseher und Radios überwiegend nicht mehr funktionierten? Wie sollten Kliniken betrieben werden oder Operation durchgeführt werden, wenn notwendige Anlagen nicht mehr betrieben werden konnten?

Das sind nur Beispiele, die deutlich aufzeigen, zu welchem Chaos und zu welcher Verunsicherung ein totaler Stromausfall in Sekundenschnelle führen kann. Der Grund für den Stromausfall in New York war banal: Lediglich Blitzeinschläge in einen Transformator und eine lose Mutter haben eine Kettenreaktion ausgelöst.

Bei einem Blackout in den USA im Jahre 2003 wurde der Strom von etwa 50 Millionen Amerikanern lahmgelegt. Abermals waren auch hier die New Yorker Bürger betroffen.

Auch damals mussten tausende von Menschen aus gestrandeten Zügen gerettet werden, was viele Stunden gedauert hatte und sehr aufwändig war. Betroffene berichteten davon, dass ihnen nach und nach die Luft auszugehen drohte, was nachvollziehbar ist, wenn man bedenkt, dass auch die Belüftung von unterirdisch fahrenden Nahverkehrszügen elektrisch gesteuert wird. Wären sie also nicht schnell genug gerettet worden, hätten sie ebensogut ersticken können. Zusätzlich zur Luftnot machte sich dann auch noch Panik breit. Passagiere die so in den Zügen feststeckten, wollten über ihre Smartphones mit anderen in Kontakt treten, doch auch die Telefone waren tot. Da das alles gleichzeitig passierte und ohne jede Vorwarnung eingetreten war, kann man sich vorstellen, wie groß die Verunsicherung der Leute gewesen sein muss.

Stelle dir vor, du fährst mit der S-Bahn durch einen Tunnelabschnitt und plötzlich bleibt der Zug stehen, alle Lichter sind aus, die Handys funktionieren nicht mehr und die Luft wird langsam stickig. Wie würdest du hier reagieren? Da braucht es schon ein gefestigtes Mindset, um die Ruhe zu bewahren. Noch was anderes wird es sein, wenn man in diesem Moment kleine Kinder oder gar ein Baby bei sich hat oder hilfsbedürftige Personen, die man dann entsprechend auch noch beruhigen muss.

Im Jahre 2006 wurde wegen des Stapellaufes eines Passagierschiffes eine Stromleitung vom Netz genommen. Diese Teilabschaltung wurde aber nicht ausreichend abgesichert, sodass sich weitere Leitungen automatisch mit abschalteten. Damit hatte wohl niemand gerechnet. In der Folge waren sechzehn Millionen Menschen für mehrere Stunden ohne Strom. Auch hier entstand ein immenses Chaos. Und das obwohl der Blackout nur zwei Stunden gedauert hatte. Um die verschiedenen europäischen Teilsysteme nach dem Blackout wieder zu einem Gesamtsystem zusammenzuführen wurden insgesamt elf Versuche (!) benötigt. Es ist also nicht ganz einfach, heruntergefahrene und abgeschaltete Netzelemente mittels sogenannten *Schwarzstarts* wieder hochzufahren und auf der gemeinsamen Frequenz von 50 Hertz zu vereinen. Damit es gelingen konnte, war einiges an Ingenieurskunst notwendig gewesen.

Im Winter 2011 / 2012 kam es mindestens dreimal zu einer akuten Gefährdung der Stromversorgung in Deutschland. Dies hing eng damit zusammen, dass die erneuerbaren Energien die Stromlandschaft verändern. Gab es früher wenige große Kraftwerke, so haben wir heute viele kleine Kraftwerken, also Photovoltaik-Anlagen, Windräder und so weiter. Windkraftanlagen befinden sich außerdem meist im Norden aufgrund der dafür passenden klimatischen Bedingungen. Der im Norden durch Windkraftanlagen gewonnene Strom muss also nach Süden transportiert werden. Hinzu kommt noch, dass die Erträge durch Windkraftanlagen stärker schwankend sind, als bei herkömmlichen Kraftwerken. Das liegt schlicht und einfach daran, dass manchmal der Wind mehr weht, manchmal weniger. So steigt oder sinkt das Energieniveau viel schneller, als man es vorausberechnen könnte.

Im Jahre 2015 gab es in der Türkei einen Blackout, der die Großstädte komplett zum Erliegen brachte. Elektrische Züge standen mitten auf der Strecke still. Die darin eingeschlossenen Menschen mussten einiges an Geduld mitbringen. Der gesamte Verkehr kam zum Erliegen, die Produktion der Industrie wurde ebenfalls gestoppt, die Menschen waren im Ungewissen, Haushaltsgeräte funktionierten nicht mehr, in den Wohnungen und Häusern war es dunkel. Als Grund wurde hier eine Cyber-Attacke angenommen.

Das Fatale an einem Blackout ist, dass er komplett unvermittelt auftritt und dass es so gut wie keine Notfalllösung von staatlicher Seite gibt, die Strom und Energieverluste zu kompensieren. Was wir uns in unserer Fantasie möglicherweise ausmalen, nämlich dass irgendwo ein Notstromaggregat anspringt oder dass irgendeine Behörde uns ein Ersatzstromkabel ans Haus legt, das gibt es in der Realität nicht. Entweder funktioniert der Strom oder er ist tot. Es gibt nur diese zwei Möglichkeiten: entweder an oder aus.

Wie fragil dieses komplizierte Werk aus verschiedensten Kraftwerken und Stromproduktions-Stellen ist, kann sich der Laie überhaupt nicht vorstellen. Selbst Experten tun sich mittlerweile schwer und geraten an ihre Grenzen, die gesamten Zusammenhänge richtig zu begreifen und im Vorwege richtig zu berechnen. Gibt es in dem Stromnetz auch nur an einer Stelle ein kleines Problem, so kann dies eine Kettenreaktion zur Folge haben, die kaskadenförmig zu einem Blackout nicht nur in Deutschland, sondern in ganzen Teilen von Europa führen kann. Die Energiemärkte sind miteinander verknüpft und nicht etwa auf die Landesgrenzen beschränkt.

# 3. Kapitel: Wie kommt es eigentlich zu einem Blackout?

Durch die Übertragungsnetze sind die Energieerzeuger mit den Verbrauchern verbunden. Der Strom fließt von den großen zu den kleinen Energieversorgern. Der Strom wird hergestellt durch Wasserkraftwerke, Großkraftwerke und große Windparks. Über die großen Stromtrassen wird der Strom zu den regionalen Verteilnetzen transportiert, wo der Strom über Umspannwerke heruntertransformiert wird. So gelingt die Umspannung von der höchsten auf mittlere und dann die niedere Spannung. Ein Einfamilienhaushalt mit vier Personen verbraucht im Jahr etwa 4000 Kilowattstunden (KWh).

Ganz Europa ist mittlerweile in einem einzigen Stromnetz miteinander verbunden. Das Kuriose daran: Durch die Liberalisierung des Energiemarktes wird der Strom nicht regional hergestellt und regional verbraucht. Sondern er wird an einem beliebigen Ort hergestellt und an einem beliebig anderen Ort verbraucht. Um dies realisieren zu können, bedarf es eines ununterbrochenen Stromnetzsystems. Und hier wird das erste Manko unseres modernen Stromsystems sichtbar. **Nur wenn das System nahtlos und ununterbrochen miteinander vernetzt ist, funktioniert es fehlerfrei.**

Gibt es Unterbrechungen, so reichen bereits kleine Probleme aus, um einen Kaskaden- oder Dominoeffekt zu verursachen. Ob es besonders schlau war, das Stromnetz auf diese Weise zu etablieren und nicht etwa regional aufzustellen, diese Frage kann sich jeder einmal kurz selber beantworten. Jedenfalls wäre es ja durchaus auch denkbar, den Strom regional herzustellen und dann regional zu verbrauchen. Dann gäbe es zwar keinen Energiemarkt an sich, aber flächendeckende Blackouts könnten dadurch mit aller Wahrscheinlichkeit ausgeschlossen werden. Nun ist es aber so wie es ist, das geschlossene Stromnetz verteilt sich also auf das komplette Europa und muss aufgrund seiner Bedürfnisse permanent überwacht, kontrolliert und gewartet werden, damit es möglichst nie zu einem totalen Zusammenbruch kommt. Experten sind sich dennoch einig: **Ob ein Blackout kommt, ist gar nicht die Frage. Die Frage ist nur: Wann?**

Ein weiteres Merkmal der Stromproduktion ist es, dass Strom in größeren Mengen derzeit nicht gespeichert werden kann. Gas kann gespeichert werden, Kohle kann gespeichert werden, Strom jedoch nicht. Der Strom muss also nach der Produktion direkt verbraucht werden, sonst würde dies ebenfalls ein Problem für das Stromnetz darstellen. Die Frequenz von 50Hertz muss über das gesamte europäische Stromnetz eingehalten werden und es sind nur minimale Abweichungen zulässig.

Da der Strom nach der Produktion direkt verbraucht wird, muss im Prinzip vor der Bereitstellung des Stromes feststehen, wie viel Strom eigentlich derzeit benötigt wird. Dies geschieht über Statistiken und über Wahrscheinlichkeitsberechnung. Mit 95-prozentiger Sicherheit weiß man, wie viel Strom zu welcher Zeit ungefähr verbraucht wird. Das haut auch meistens ziemlich genau ein. Jedoch gibt es eine fünfprozentige Ungenauigkeit, die nicht vorhersagbar ist. Diese Abweichungen kommen zufällig zustande. Abweichungen vom statistischen Stromverbrauch können auch durch besondere Ereignisse entstehen, wie zum Beispiel ein Fußballspiel oder ein tagespolitisches Ereignis von besonderer Tragweite, bei denen sehr viele Haushalte gleichzeitig den Fernseher anschalten. Passiert dies, kommt es zu Stromschwankungen, die in verschiedenen Lagezentren sofort angepasst und ausgeglichen werden müssen. Zur Erinnerung: Die Frequenz innerhalb des gesamten europäischen Netzes muss 50 Hertz betragen, von geringfügigen Abweichungen mal abgesehen.

Aufgrund der Einführung der erneuerbaren Energien drücken nun auch viele sehr kleine Stromerzeuger in Form von Solaranlagen auf Dächern Strom in das Netz hinein. Hierzu sind die Berechnungsgrundlagen im Moment noch ungenau und vage, so dass diese zusätzliche Stromzufuhr von unten nach oben ebenfalls eine Gefahr für die Balance des Stromsystems darstellt. Das Stromsystem ist schlichtweg an marktwirtschaftlichen Interessen orientiert und deshalb so großflächig angelegt. Der Strom wird also gehandelt wie eine *Ware am Markt*, bzw. an der Börse. Eine weitere Schwachstelle des Systems.

Grundsätzlich könnte man Dezentralisierung der Stromerzeugung nämlich auch dafür nutzen, dass das gesamte Stromsystem robuster wird. Dann müsste es aber so sein, dass der regional produzierte Strom auch direkt regional verbraucht wird. Statt einem riesigen System müsste es viele kleinere regionale Systeme geben. Ein Blackout wäre dann regional begrenzt und würde nicht über das gesamte europäische System herfallen. Man kann also im Hinblick auf unser Stromsystem vor diesem Hintergrund durchaus von einer architektonischen Fehlkonstruktion sprechen. Solange es funktioniert, ist alles gut. Aber wenn es mal ausfällt, ist der Schaden gleich gewaltig.

# 4. Kapitel: Die unmittelbaren Folgen eines Blackouts

Würde auch nur ein Mitarbeiter eines beliebigen Kraftwerkes, von denen es hunderte in Deutschland gibt, sich auch nur einen klitzekleinen Fehler erlauben, so könnte das gesamte Kraftwerk und mit ihm die gesamte Stromversorgung in die Knie gezwungen werden. Hacker machen sich die Schwächen unseres Computer-Zeitalters zunutze. Dabei könnte ein Schadprogramm über eine E-Mail oder über einen Computer-Stick ein gesamtes Kraftwerk lahmlegen. Wir alle wissen, wie schnell man aus-versehen einen Link in einer E-Mail geklickt hat, die zwar verdächtig aussah, aber andererseits unsere Neugier geweckt hat. Klickt der Mitarbeiter des Kraftwerks auf diesen Link, ist es bereits zu spät. Die Schadsoftware wird sich automatisch im Netzwerk des Kraftwerkes installieren und ihr böses Werk vollbringen. **Die Folge: Blackout.**

Cyberattacken sind schon seit einigen Jahrzehnten ein „ganz normales" Phänomen geworden. So hat sich auch das Wort *Cyberangriff* in den normalen Sprachgebrauch eingebürgert. Ebenso wie es Cyberangriffe gibt, gibt es auch Cyber-Abwehrmethoden. Auch ohne dass wir es mitbekommen, tobt im Hintergrund unserer modernen Computerwelt ein ständiger Cyberkrieg. Der Vorteil für die Angreifer liegt auf der Hand: Sie können von jedem beliebigen Ort dieser Welt aus jedes andere beliebige Computersystem auf dieser Welt attackieren und das mit minimalem Aufwand und ohne großes Risiko.

Wenn wir an Hacker denken, dann haben wir meist das Bild von ein paar ausgeflippten Computernerds vor Augen, die in ihrem dunklen Keller vor fünf Monitoren gleichzeitig sitzen und sich mit viel Geduld in ein System einhacken, um dort Schaden zu verursachen. In der Tat ist es aber so, dass Hackerangriffe oder Cyberangriffe heutzutage in sehr großem Maße von fremden staatlichen Organisationen oder von den Geheimdiensten durchgeführt werden. Der Grund ist klar: Cyberangriffe verfolgen im Prinzip ähnliche Ziele, wie konventionelle Angriffe. Nur eben auf eine andere Weise. Diese Angriffe sind relativ kostengünstig und die Selbst-Schädigung des Angreifers ist meist so gut wie ausgeschlossen. Hingegen kann der verursachte Schaden immens sein.

Cyberkriege sind demzufolge Stellvertreterkriege. Dieser Krieg gehört zum Alltag vieler Staaten, nur bekommen wir davon relativ wenig mit. Auch Deutschland wird ständig angegriffen und muss sich permanent verteidigen und auf der Hut sein. Diese Angriffe gehen gegen staatliche Organisation, gegen Unternehmen und möglicherweise auch gegen unser Stromnetz. Wann und von wem diese Angriffe ausgeführt werden, weiß man meist erst im Nachhinein. Mit solch einem Hacker-Angriff kann tatsächlich ein Land oder eine Region kurzfristig in die Knie gezwungen werden.

Die meisten Menschen haben keine Vorstellung davon, was alles von einer laufenden Stromversorgung abhängig ist. Sollte der Strom weg bleiben, dann funktionieren keine Bankautomaten mehr, wir bekommen also kein Geld mehr am Automaten. Der elektronische Zahlungsverkehr fällt ebenfalls aus. Mit was sollen wir dann bezahlen, selbst wenn unser Konto gut gefüllt sein sollte? Aber auch die Kassenautomaten in den Supermärkten werden nicht mehr funktionieren. Wie sollte also abgerechnet werden? Selbst die Wasserzufuhr würde nur noch eingeschränkt funktionieren, weil vielerorts Wasserpumpen elektrisch gesteuert werden. Wie sollten Elektroautos neu gespeist werden? Aber auch die Zapfsäulen für die Benzin- und Dieselfahrzeuge würden ihren Dienst nicht mehr verrichten. Womit sollte man anrufen, wenn man ein Problem hat? Man würde niemanden mehr erreichen, denn die gesamte Telekommunikation würde zum Erliegen kommen.

Wie oder mit was sollte die Polizei oder der Katastrophenschutz Durchsagen machen, wenn auch ihren Lautsprecherwagen kein elektrischer Strom mehr zur Verfügung stehen würde? Wie sollten die Rettungskräfte untereinander kommunizieren, wenn sie ihre internen Funkgeräte nicht mehr aufladen könnten? Wie sollten Millionen von Fahrgästen aus Zügen evakuiert und wieder nach Hause gebracht werden, wenn sie auf offener Strecke liegen bleiben? Was, wenn es zur selben Zeit schneit und bitter kalt ist? Wie sollten diese Menschen dann kurzfristig vor Ort versorgt werden? Wie wäre es in einer solchen Situation um behinderte Mitmenschen, alte Menschen oder auch kleine Kinder oder sonst auf Hilfe angewiesene Personen bestellt? Wie sollten wir Lebensmittel weiter aufbewahren können, wenn unsere Kühlschränke nicht mehr funktionieren würden?

Notrufzentralen wären nicht mehr erreichbar, Tunnel müssten gesperrt werden wegen unzureichender Belüftung, Kliniken hätten mit einem Massenanfall von Verletzten zu rechnen, müssten allerdings ebenfalls mit den Folgen des Stromausfalls klarkommen. Das würde im Extremfall bedeuten: Operationen auch bei Dunkelheit und ohne elektrische Geräte durchzuführen, was schlicht unmöglich erscheint. Im Gegensatz zu fast allen anderen Bereichen des öffentlichen Lebens verfügen Kliniken zwar über Notstromsysteme, aber auch diese würden die Stromversorgung nur für maximal achtundvierzig Stunden weiterhin aufrechterhalten können. Danach wären zum einen die Notstrom-Blöcke aufgebraucht und weiterhin wäre der Diesel aus den Notstromaggregaten verbrannt. Spätestens nach achtundvierzig Stunden wären also auch alle Krankenhäuser in Deutschland tot und müssten ihren Dienst unter mittelalterlichen Bedingungen verrichten. Wir können uns alle sehr leicht vorstellen, zu welchen dramatischen gesellschaftlichen Zuständen das führen würde. Und das nicht etwa erst nach Wochen oder Monaten sondern unmittelbar **schon ab dem dritten Tag eines totalen Blackouts**.

An den Besuch der Arbeitsstätte wird dann nicht mehr zu denken sein, denn die Arbeit wird ruhen. Industrieanlagen werden inaktiv und die Wirtschaft würde auf Null heruntergefahren werden. Die Menschen wären also in der Regel zu Hause. Niemand würde in dieser Zeit Geld verdienen und kaum jemand könnte in dieser Zeit Geld ausgeben. Das klassische Geld würde seine Bedeutung zwar nicht ganz verlieren, aber erheblich einbüßen.

An dessen Stelle würden automatisch physische Tauschgüter treten, die unmittelbar einen viel höheren Wert entfalten würden. Wenn es aber keine Arbeit mehr gibt, dann fließt auch kein Geld mehr. Die meisten Menschen haben aber trotzdem Rechnungen zu bezahlen. Die monatliche Miete für die Wohnung oder das Leasingauto oder die monatliche Rate fürs Haus. Ich gehe nicht davon aus, dass entsprechende Organisationen in jedem Fall so kulant sein werden, auf die monatlichen Beträge zu verzichten. Warum sollten sie das denn tun?

Wer also von dem einen auf den anderen Tag kein Geld mehr verdient, der muss sofort schauen, wie er seine Miete dennoch bezahlen kann. Wer dann also knapp bei Kasse ist, der könnte möglicherweise schneller auf der Straße sitzen, als ihm recht und lieb ist. Der Vermieter würde wohl schauen, dass er einem zahlungskräftigen Kunden sein Objekt überlässt.

Obwohl Deutschland ein Sozialstaat ist, gilt dies nur für Friedenszeiten. In Krisen- und Kriegszeiten gibt es keinen allgemeinen Anspruch auf Wohnraum und Sozialgeld. Das Sozialsystem ist für solche Massenphänomene nicht ausgelegt. Wer dann seine Wohnung verliert oder sein Haus, der steht eben auf der Straße und nächstens an der Suppenküche an, um dort seine tägliche Essensration abzuholen. Gerichte werden sich mit alledem kaum fassen können, weil sie über Jahre hinweg ausgebucht sein werden und auch sie von den Beschränkungen erfasst sein werden.

Millionen von Haustiere könnten schon sehr schnell nicht mehr richtig versorgt werden. Denn was die Lebensmittel- und Wasserversorgung der Menschen betrifft, betrifft natürlich auch die mit ihnen wohnenden Haustiere. Das Futter und das Wasser für die Haustiere würden schon nach wenigen Tagen zur Neige gehen. Und wie ginge es dann weiter?

Bei einem Blackout wird die Industrieproduktion von der einen auf die andere Minute zum Erliegen kommen. Die Lieferketten werden abrupt unterbrochen, sodass die Supermärkte nicht mehr wie gewohnt jeden Morgen beliefert werden, sondern sie werden wahrscheinlich erst einmal überhaupt nicht mehr beliefert. Dazu kommt auch noch, dass ein Blackout zu einem Verkehrschaos führen wird, sodass die beliefernden LKWs die Supermärkte auch gar nicht mehr ohne weiteres erreichen könnten. Die angestellten Mitarbeiter und auch die Fahrer und Angestellten in der Fertigung würden aufgrund fehlender Kapazitäten von der Arbeit sehr schnell freigestellt werden.

Sobald aber die Supermärkte nicht mehr gefüllt sind, beginnt der wahre Kampf ums Überleben. Alle Menschen haben eines gemeinsam: Sie haben jeden Tag morgens, mittags und abends Hunger und Durst. Der Mensch kann nur drei Tage ohne Flüssigkeitszufuhr in Form von Wasser überhaupt überleben. Eine Pause an Nahrungszufuhr von zwei bis vier Wochen ist theoretisch denkbar, führt aber zu erheblichem Kräfte- und Gesundheitsverlust. Die Leute würden schon nach kurzer Zeit schlicht durchdrehen.

Die unmittelbaren und sofortigen Folgen der Unterbrechung der Lieferketten würde unsere Gesellschaft aller Voraussicht nach in die Steinzeit zurück befördern. Realistisch ausgedrückt bedeutet dies Folgendes: Die Menschen würden von Hunger und Durst sowie von Neid und Missgunst getrieben, sich gegenseitig zum Feind werden. Jeder würde versuchen noch etwas abzubekommen, wo überhaupt etwas zu holen ist. Und das mit allen möglichen Mitteln. Auf den Wegen zu den Märkten oder zu den Stellen, wo noch etwas Ess- oder Trinkbares vermutet werden würde, wäre man nicht mehr sicher. Man müsste sich bewaffnen, um im Notfall sein Leben verteidigen zu können. **Mad Max lässt grüßen.**

Und wie gesagt: Um diesen Zustand zu erreichen, dürfte es nicht Monate oder Wochen, sondern nur Tage dauern. Besonders in Regionen, in denen die Bevölkerung ohnehin schon eine höhere Gewaltaffinität an den Tag legt, ist mit sofortigen Ausschreitungen zu rechnen. Hinzu kommt, dass in Großstädten eine höhere Anonymität herrscht. Die Grenzen dürften hier noch schneller eingerissen werden, als anderswo.

Müllverbrennungsanlagen könnten ihren Dienst nicht mehr verrichten, Müllwagen kämen nicht mehr durch die überfüllten Straßen zu den Haushalten. Die Städte würden im Müll versinken. Da Druckmaschinen still stehen, würde es auch keine Tageszeitungen mehr geben. Die Informationslage würde zusammenbrechen. Ampeln sind plötzlich ohne Strom. Dies führt zu einem Verkehrschaos. Das Bergen von Verletzten wird anfangs noch teilweise möglich sein, aber auch die Einsatzfahrzeuge werden nicht mehr ohne weiteres auftanken können, denn die Tanksäulen werden nicht mehr funktionsfähig sein. Gewächshäuser können ohne Strom nicht funktionieren. Die Ware würde verderben, noch bevor sie erntereif ist. In der Massentierhaltung könnten Millionen von Kühen nicht mehr gemolken werden. Darauf sind die Großbetriebe nicht vorbereitet. Wahrscheinlich würden etliche von den Kühen verenden.

Wie steht es aber um die Sicherheit der Atomkraftwerke im Falle eines Blackouts? Nun ist es ja so, dass in Deutschland der Atomausstieg für 2022 beschlossene Sache ist. Gerade in der Zeit von erheblichen Energiedefiziten trennt sich Deutschland von einer der wichtigsten Energiequellen überhaupt, von den Atomkraftwerken. Nun kann man unterschiedlicher Auffassung sein, ob dies besonders schlau ist oder eben genau das Gegenteil. Jeder kann hier seine eigene Meinung haben. Aber ein Weiteres kommt hinzu: Denn auch die abgeschalteten Kernkraftwerke müssen weiterhin über Dieselaggregate mit Strom versorgt werden, der für die Kühlung der noch warmen Anlagen verantwortlich ist. Würde die Kühlung komplett ausfallen, so entstünde ein erhebliches Sicherheitsrisiko in allen abgeschalteten Kernkraftwerken. Im Falle eines Blackouts müssen diese abgeschalteten Werke also weiterhin mit Diesel versorgt werden, um die dortigen

Stromaggregate auch im Falle eines Blackouts am Laufen zu halten. Andernfalls drohen jetzt sogar nukleare Zwischenfälle mitten in unserem Land!

Wer denkt darüber bitteschön nach? Wer bereitet sich darauf allen Ernstes vor? Sind die Handlungen der bereits erwähnten Prepper also doch alles andere als übertrieben? Sind sie es etwa, die die Gefahren von Anfang an richtig eingeschätzt haben? Es sieht ganz danach aus.

Wie lange würde es dauern, bis marodierende Banden diesen Notstand für ihre eigenen Zwecke ummünzen würden, um auf Beutefang zu gehen? Wie lange würde es dauern, bis neben Chaos und Unterversorgung, die Anarchie und das Gesetz des Stärkeren treten würden? Wie lange würde die staatliche Ordnung noch halten, bis sie zusammen brechen würde?

Wer jetzt das Bild einer Zombieapokalypse vor seinen Augen hat, oder wer an so manch blutrünstigen Hollywood-Film denkt, der ein eben solches Szenario bildhaft darstellt, der irrt sich keineswegs, denn genau das wäre das Ergebnis eines länger anhaltenden und flächendeckenden Stromausfalls. Umso länger der Stromausfall dauern würde, desto dynamischer würde sich das ganze Chaos steigern. In nur wenigen Wochen wäre Deutschland wieder in der Steinzeit angekommen und das ist keinesfalls übertrieben.

Im oben erwähnten Beispiel von New York 1977 dauerte es sogar nur wenige Stunden, bis marodierende Banden begannen, ganze Stadtteile auseinanderzunehmen, Geschäfte leer zu räumen und Brände zu legen. Es kann sich also jeder selber ausmalen, was bei einem mehrtägigen oder sogar mehrwöchigen Blackout die normale Lage überall in Deutschland wäre.

# 5. Kapitel: Der Beinahe-Blackout am 08.01.2022

Am Freitag den 08.01.2022 gegen 14 Uhr kam es in ganz Europa fast zu einem Blackout. Dieser konnte gerade eben noch verhindert werden, indem einige Länder sofort in den Inselbetrieb übergegangen waren. Insofern wurde richtig gehandelt. Aber dass dies so war, ist letztendlich auch einer gehörigen Portion Glück zu verdanken gewesen. Ebenso gut hätte das Ganze anders ausgehen können.

Was war geschehen? So genau weiß man es bis heute nicht, was die Ursache war. Man vermutet die Ursache im rumänischen Siebenbürgen, wo es für mehrere Stunden einen Stromausfall in einigen Orten gegeben hatte. Daraufhin sei die Frequenz im europäischen Stromnetzwerk von 50 Hertz auf etwa 49,71  abgesunken. Letztendlich waren u.a. folgende Länder betroffen: Deutschland, Griechenland, Bulgarien, Rumänien, Kroatien, Türkei, Frankreich und Italien.

Experten rechnen aber Aufgrund solcher Beispiele mit hoher Wahrscheinlichkeit mit weiteren Blackouts schon in nächster Zeit. Es ist also keine Frage ob diese Blackouts kommen werden, sondern die Frage lautet nur *wann* sie kommen werden. Wer es jetzt immer noch nicht verstanden hat, der wird Hals über Kopf in die Katastrophe hineinlaufen. Der wird dann nach Hilfe rufen, aber vergeblich auf die Hilfe warten müssen, die nicht rechtzeitig eintreffen wird, um es klar und deutlich auf den Punkt zu bringen.

Nur wer beginnt, sich jetzt vorzubereiten, der wird diese Krise unbeschadet überstehen können.

**Diese Art von Vorbereitung dient nicht nur der persönlichen Behaglichkeit in Form einer warmen Wohnung oder einer gekochten Mahlzeit, diese Art der Vorbereitung entscheidet über Leben und Tod, wenn es hart auf hart kommt.**

Zwei deutschen Ingenieuren ist es zu verdanken, dass die Katastrophe verhindert werden konnte. Normalerweise herrscht im europäischen Stromnetz, an das etwa dreißig Länder angeschlossen sind, eine Frequenz von 50 Hertz. Ist zu wenig Strom im Stromnetz, sinkt die Frequenz nach unten. Wird zu viel Strom eingespeist, steigt die Frequenz nach oben. Aber nur minimale Abweichungen können dazu führen, dass das gesamte System ins Wanken gerät. Die maximal tolerierte Abweichung beträgt 0,2 Hertz nach unten und nach oben. Ist die Abweichung größer als 0,2 Hertz, kann es zum befürchteten Blackout kommen. Indem die beiden Ingenieure einerseits zusätzliche Energie im Norden von Europa eingespeist hatten (und zwar aus Ländern die nicht zum europäischen Energieverbund gehören aber in diesem Tag aushelfen konnten) und indem sie andererseits Anlagen im Südosten abschalteten, die zu viel Strom produzierten und indem sie weiterhin einzelne Großabnehmer vom Netz genommen hatten, haben sie in letzter Minute ein ingenieurtechnisches Meisterstück vollbracht.

Letztendlich haben diese beiden Personen aber auch großen Mut bewiesen, schließlich haben sie in enormer Weise in die Strominfrastruktur eingegriffen, ohne sich dafür weitere Erlaubnis abzuholen. Denn sie wussten: Wenn sie jetzt noch lange zögern würden, dann wäre es ohnehin zu spät. Sie haben alles richtig gemacht. Aber würden alle so heldenhaft handeln?

Was aber wäre gewesen, wenn andere Personen zu dieser Zeit Dienst gehabt hätten, die weniger gut ausgeruht, ausgeschlafen oder vorbereitet gewesen wären? Die nicht so mutig und entschlossen gehandelt hätten, weil sie die Konsequenzen ihres Handelns möglicherweise befürchtet hätten. Was wäre dann passiert? Hätten wir dann flächendeckend europaweit die Ereignisse von New York aus 1977 gehabt? Sehr gut möglich.

# 6. Kapitel: Das Dilemma mit den erneuerbaren Energien

Wenn wir uns vorstellen, dass in Deutschland nun in den kommenden Monaten die letzten drei Atomkraftwerke abgeschaltet werden und auch in absehbarer Zeit sämtliche Kohlekraftwerke heruntergefahren werden, dann stellt sich doch die Frage, wo der ganze Strom herkommen soll bei stetig steigendem Strombedarf. Unsere aktuelle Regierung hat diese Frage klar beantwortet: Erneuerbare Energien.

Umweltaktivisten halten es für erstrebenswert, dass sämtlicher Strom aus Windkrafträdern und Solaranlagen kommt. Tatsächlich sind viele von ihnen Helfer dieser Industrie-Lobby, die ebenfalls nur das große Geschäft wittert. Dass große Windkraftanlagen jährlich Millionen von seltenen Vögeln zerhacken, scheint sie ebenfalls nicht zu stören. Seltsam. Völlig missachtet wird allerdings auch, dass Atomkraftwerke keinen Anteil an der Veränderung des Klimas hatten und haben. Es handelt sich vielmehr um die sauberste Art der Stromerzeugung überhaupt.

Bei all den Gedanken zur Verbesserung unserer Umweltsituation fehlt der Gedanke des Schutzes der Menschen. Wir verbrauchen den Strom nicht nur aus Gründen der Behaglichkeit. Um Schaden von der deutschen Bevölkerung abzuwenden, wäre jedenfalls ein ganz anderes Herangehen erforderlich. Weiteres Manko: Erneuerbare Energien sind von den Launen der Natur abhängig. Jedem dürfte einleuchten, dass wir wenig Sonnenenergie haben, wenn die Sonne nicht scheint und dass auch die Windenergie abnimmt, wenn der

Wind mal nicht so weht wie er soll. Nun könnte man auf die Idee kommen, an guten Tagen die Energie einfach zu speichern, um sie dann an schlechteren Tagen zu verbrauchen. Schön, wenn das ginge. Aber solche Energiespeicher gibt es nur sehr selten. Zwar ist auch diese Technologie gerade dabei zu entstehen, aber die vorhandenen Groß-Akkus können eben nur für einen kurzen Zeitraum gespeicherte Energie freisetzen. So könnte zum Beispiel am Tag durch Solaranlagen produzierte und gespeicherte Energie in der Nacht verbraucht werden.

Kurzum: Die derzeitige Energiepolitik Deutschlands führte uns in ein Dilemma, für das es weder jetzt noch in naher Zukunft eine Lösung gibt.

# 7. Kapitel: Selber aktiv werden und zwar JETZT

Das Bundesamt für Bevölkerungsschutz und Katastrophenhilfe (BBK) rät in seinen Informations-Ratgebern selber dazu, jeder Einzelne solle sich auf solch ein Szenario vorbereiten. Dies sei die *Pflicht eines jeden Bürgers*. Schade nur, dass den meisten Bürgerinnen und Bürgern derzeit ein solcher Hinweis kaum bekannt sein dürfte. Und auch unser Bundeswirtschaftsminister erwähnt zwar einerseits, dass wir uns auf ziemlich harte Zeiten einzustellen hätten. Andererseits mangelt es aber auch hier an klaren Ansagen an die Bevölkerung, was jetzt jeder Einzelne tun sollte.

Wir müssen schlicht davon ausgehen, dass mindestens 75% der Bevölkerung wenig oder keine Ahnung davon haben, wie man sich auf ein solches Endzeitszenario gut vorbereitet, so dass man es überstehen kann. Bis heute nehmen die Menschen an, dass der Staat, die Regierung oder irgendwelche Behörden in einer solchen Notlage sofort zur Seite springen und Hilfe leisten würden. Eben deshalb, weil sie es bisher immer so gewohnt waren, dass irgendwer das Retten und Schützen, das Heilen und Versorgen, das Planen und Handeln übernimmt.

Es ist eine Illusion anzunehmen, dass dies leistbar wäre, wenn auf einen Schlag über 80.000.000 Menschen Hilfe und Unterstützung benötigten. So viele Behördenmitarbeiter gibt es überhaupt nicht, dass man den Bedürfnissen einer gesamten nationalen Bevölkerung auf einmal gerecht werden könnte. Hilfeleistungen sind immer nur für einen kleinen Teil dieser Bevölkerung ausgelegt und planbar, niemals für die gesamte Bevölkerung. Eigentlich logisch. In Summe bleibt nur eine Konsequenz:

Es ist tatsächlich so wie das Bundesamt für Katastrophenschutz es vorschlägt. Jeder Einzelne muss jetzt schon damit beginnen, sich auf einen Ernstfall vorzubereiten. Dies auch deshalb, um den Staat ein Stück weit zu entlasten, damit die gesamte Katastrophe schneller abgewendet werden kann.

Diese Situation erfordert ein vollständiges Umdenken in den Köpfen der Menschen. Weg von der Vorstellung, man sei hilflos, schwach und abhängig und hin zu der Vorstellung, dass man stark, selbstständig und überlebensfähig ist. Diese Veränderung des Mindsets darf nicht erst einsetzen, wenn es so weit gekommen ist. Diese Veränderung muss jetzt beginnen. Dabei wird es auch nicht reichen, lediglich ein paar Rollen zusätzliches Klopapier und eine Taschenlampe sowie ein paar Dosen Erbsensuppe einzulagern. Die Vorbereitung muss umfassend sein und sie muss alle Belange abdecken.

**Alle können dann viel schneller und viel besser durch eine solche Krise wie einen flächendeckenden Blackout kommen, wenn jeder Einzelne für sich und für seine Familie so gut wie möglich vorsorgt. Damit würden automatisch der Staat und seine Behörden erheblich entlastet werden und könnten dann im Schwerpunkt aktiv eingesetzt werden.**

Letztendlich ist aber jeder seines eigenen Glückes Schmied und nur die werden zu den Gewinnern gehören, welche die Tipps, Tricks und Hacks aus diesen und anderen Büchern lesen, verstehen und umsetzen. Alle anderen werden am Tag des Blackouts automatisch zu Opfern, denn sie werden abhängig sein von der Hilfe anderer. Und sie werden bitter enttäuscht sein, wenn diese Hilfe nicht eintreffen wird, weil sie nicht eintreffen *kann.* Ein Umdenken zu diesem Zeitpunkt wird in den meisten Fällen zu spät kommen. Es liegt dann nur noch in der Gunst höherer Mächte, ob das Überleben gelingen wird oder nicht.

Nicht so bei dem, der sich ausführlich vorbereitet. Dieser wird mit einer viel höheren Wahrscheinlichkeit durch die Krise kommen und er wird es dabei sogar noch angenehm und verhältnismäßig gut haben. Ihm wird es (fast) an nichts fehlen. Jedenfalls für einen Zeitraum von mehreren Wochen bis hin zu einigen Monaten ist eine solche Vorbereitung für jeden Menschen ohne weiteres möglich. Es ist Zeit, der Wahrheit ins Auge zu blicken.

# 8. Kapitel: Psychologie des Menschen in Krisensituationen

Unsere Gesellschaft lebt täglich in geordneten Bahnen. Das liegt aber nur daran, weil jeder seinen gewohnten Ablauf hat und weil alles funktioniert und alles geordnet ist. Solange der Strom geht und damit alle elektrischen Geräte, solange das Wasser fließt und die Wohnung gewärmt ist, solange man sich Essen zubereiten kann und mit den Verkehrsmitteln von A nach B kommen kann, geht jeder in diesem Land seinen Beschäftigungen nach. Zwischenfälle werden von den Rettungskräften und von den Polizeikräften geregelt und insbesondere die Polizei ist es, die für die nötige Sicherheit sorgen soll. Zumindest aber gilt sie als Regulativ zu bereits latent vorhandenen kriminellen oder mafiösen Strukturen, die *per se* Absichten verfolgen, die der gesellschaftlichen Ordnung zuwiderlaufen. Will heißen: In der Gesellschaft schlummern bereits jetzt Kräfte, die bei Wegfall der Kontrollinstanzen das Chaos schnell für ihre eigenen Zwecke ausnutzen würden. Bei länger anhaltenden Blackouts ist deshalb immer und in jedem Fall mit Plünderungen und einem drastischen Anstieg der Kriminalität zu rechnen.

Wer jetzt davon ausgeht, dass es ja nur wenige Kriminelle gibt, die eine solche Notlage für ihre eigenen Zwecke ummünzen würden, der täuscht sich gewaltig. Vielmehr wird es so sein: Eine Vielzahl sonst ganz unauffälliger Zeitgenossen werden plötzlich eine Chance wittern, die es vorher in ihrem Leben nicht gab. Wenn Supermärkte und Einkaufszentren unbeleuchtet und unbewacht sind, wenn Überwachungskameras und Alarmanlagen nicht mehr funktionieren, dann könnte auch *Otto Normalverbraucher* auf die Idee kommen, sich mit Dingen zu bereichern, die ihm überhaupt nicht gehören.

Aus psychologischer Sichtweise betrachtet ist es außerdem so, dass wir uns von dem Gruppenverhalten gerne steuern oder inspirieren lassen. Fangen also erstmal einzelne Personen mit kriminellem Verhalten an, so lassen sich schnell viele andere davon anstecken, frei nach dem Motto: *Wenn der das tut, warum soll ich darauf verzichten*? Man könnte von Gelegenheitsplünderern oder von Gelegenheitskriminellen sprechen, die sich vor dem Blackout immer ganz brav an alle Gesetze gehalten haben. Ist der Verfall der guten Sitten erst einmal eingeläutet worden, so könnte sich das Ganze erdrutschartig weiterentwickeln und zu einer Art *neuer Normalität* werden.

Wenn niemand mehr nach der Einhaltung der Gesetze verlangt und es keine Überwachung derselben gibt (und sei es auch nur für einen bestimmten Zeitraum), dann ist damit zu rechnen, dass Menschen sich schnell wieder so verhalten, wie sie es über tausende von Jahren in ihrer Vorgeschichte gemacht haben.

Experten, die sich mit der Psychologie von Menschen bei Blackouts intensiv beschäftigt haben, kommen zu dem Schluss, dass es mit der Länge eines Blackouts zu tun hat, ob und wie schnell der Verfall der Kultur einhergeht. So gibt es Mini-Stromausfälle, die lokal begrenzt sind und nur wenige Minuten dauern. Diesen seltenen Zustand halten Menschen in aller Regel für normal, weil er im Umkehrschluss beweist, dass das System als solches die meiste Zeit stabil funktioniert. Sie hegen zu diesem Zeitpunkt keinerlei Zweifel an der vollen Funktionsfähigkeit des Stromnetzes und der Funktionsfähigkeit unserer Kultur und ihrer Gesetze.

Dauert der Stromausfall länger als einige Minuten, sagen

wir einige Stunden, dann wird es bereits zu erheblichen Produktionsausfällen und industriellen und kulturellen Schäden kommen. Die Gesellschaft bewegt sich dann bereits in einem Grenzbereich, der eben noch toleriert wird, wobei die meisten Bewohner des Landes noch damit rechnen, dass sicherlich sehr bald alles wieder beim alten sein wird.

Erst wenn die dritte Stufe erreicht ist, der Stromausfall also tatsächlich in einen flächendeckenden und langanhaltenden Blackout mündet, kann es zum Zerfall der Kultur und ihrer Gesetze kommen. Die Bewohner des Landes haben dann nicht mehr die Sicherheit, dass der ursprüngliche Zustand sehr schnell wieder zurückkommen wird und rechnen damit, dass der Staat bereits die Kontrolle verloren hat. Es entsteht ein Machtvakuum.

Menschen fangen an, sich Konstellationen auszumalen, wie es sein würde, wenn dies nun der neue Dauerzustand wäre. Sie beginnen ihr Verhalten neu auszurichten. Das Erstaunliche an der Katastrophe Blackout ist ja auch, dass diese nicht wie andere Katastrophen laut und dröhnend über die Menschheit herfällt, sondern mit ausgesprochener Stille verbunden ist. Geräte, Maschinen und Anlagen laufen nicht mehr und Handys funktionieren nicht mehr. Alle elektronischen Geräte werden nach und nach stillstehen, sodass es erstmal ziemlich leise werden wird. Ohne den elektrischen Strom hätten wir eine vollständig andere Kultur als jetzt.

## Ergebnisse der Panikforschung

Wissenschaftliche Untersuchungen haben ergeben, dass Menschen ganz oft das tun, was andere Menschen ihnen vormachen. Das betrifft auch den Moment der Panik. Sobald

Menschen beginnen panisch zu reagieren, überträgt sich dieses Gefühl auf andere und sobald einige beginnen loszurennen, folgen ihnen alle anderen blind, ohne zu wissen wohin es geht oder warum sie überhaupt rennen.

Die Panikforschung hat auch herausgefunden, dass Panikverhalten zunächst einmal etwas ganz Normales ist und ein menschliches Verhalten darstellt. Immer dann, wenn es einen Grund gibt – also einen lauten Knall, einen Schuss, ein einstürzendes Haus oder ein sinkendes Schiff oder dergleichen – erfahren Menschen durch sinnliche Eindrücke, dass es auch einen Grund für diese Panik gibt.

Etwas anderes ist es beim Blackout. Der Blackout zeichnet sich aus durch eine sehr starke Stille. Höchstwahrscheinlich, so die Panikforscher, würde diese dauerhafte Stille aber noch furchteinflößender auf Menschen sein, als die bei anderen Katastrophen üblichen Geräuschkulissen.

Hinzu kommt, dass den Menschen ein klares Lagebild fehlt, dass die Informationen fehlen und dass sich so auch schnell Gerüchte über den Grund und die Ursache verbreiten können, die für zusätzliche Unsicherheit sorgen könnten. Die Vorstellung von der sogenannten Zombieapokalypse, so wie wir sie aus zahlreichen Filmen kennen, ist hier gar nicht falsch, sondern kann als treffliches Bild dienen. Was im Film überdreht dargestellt wird in Form von Spezialeffekten, steht doch am Ende für nichts anderes, als dass Menschen komplett ihre Menschlichkeit ablegen und sich verhalten wie wilde Tiere, indem sie über andere herfallen und sich das holen was sie selber benötigen, um zu überleben.

Auch seriöse Wissenschaftler, die sich mit den Folgen eines Blackouts beschäftigt haben, vergleichen das Verhalten der Bevölkerung in Deutschland während einer solchen Extremsituation mit dem, was man als Zombieapokalypse kennt. Unter extremem Druck verhalten sich Menschen eben ganz unüblich. Helfer werden dann nicht mehr als solche erkannt und gefeiert, sondern werden unter Umständen hart angegangen und mit Forderungen überhäuft, die sie möglicherweise gar nicht erfüllen können. Insofern werden es alle Hilfsorganisationen besonders schwer haben, die Menschen auf dieser psychologischen Ebene überhaupt noch richtig zu erreichen und als Helfer akzeptiert zu werden. Vielmehr werden sie möglicherweise ebenfalls als Angriffsziele durch den unkontrollierten Mob eingestuft.

## Es werden „Macher"-Typen benötigt

Alle, die sich jetzt im Vorfeld bereits mit diesem Szenario auseinandersetzen, haben die allergrößten Chancen, eine solche Situation am Ende relativ unbeschadet zu überstehen und zu überleben. Nennen wir sie ruhig mal Prepper. Jeder kennt diesen Begriff, denn er ist in aller Munde. Die sogenannten Prepper werden zum einen für sich selbst und ihre Familien bestens sorgen können, sie können darüber hinaus aber auch eine Führungsrolle gegenüber anderen einnehmen und anderen helfen. Sie können die Gesellschaft ein großes Stück weit entlasten. In der eigenen Nachbarschaft, dem Dorf oder dem Häuserblock.

Die Weitergabe von wichtigen Informationen und von richtigen Verhaltensweisen gegenüber anderen in der unmittelbaren Nähe wird deshalb aller Wahrscheinlichkeit von diesem Personenkreis ausgehen. Somit kann jeder Prepper einen erheblichen Beitrag gegenüber der Gesellschaft leisten.

# 9. Kapitel: Höhere Überlebenswahrscheinlichkeit in der Gruppe

In Situationen, in denen es ums Überleben geht, haben wir ganz oft das Bild des einsamen Kämpfers vor Augen, der die Widrigkeiten auf eigene Faust bekämpft und so sein Überleben sichert. Wahrscheinlich sind diese Phantasien angereichert worden durch diverse Hollywoodfilme à la *Rambo*. Auch in der Realität haben einige Prepper und Überlebenskämpfer dieses Bild für sich selber adaptiert und bereiten sich ganz höchstpersönlich auf den Weltuntergang vor. Um es vorwegzunehmen: Das ist alles richtig und entspricht ja auch im Übrigen den Forderungen des Bundesamtes für Katastrophenhilfe. Von dort heißt es ja schließlich auch, jeder Einzelne solle sich vorbereiten und nicht etwa eine Gruppe von Menschen solle sich vorbereiten.

Darüber hinaus gibt es aber einige Unklarheiten darüber, ob das Überleben eher gelingen kann, wenn man als Einzelner unterwegs ist oder wenn man sich als Gruppe gegenseitig unterstützt. Diese Frage kann man wahrscheinlich auch nicht pauschal und für jeden Zweck beantworten. Vielmehr kommt es auf die spezielle Situation an, in der sich eine oder mehrere Personen befinden.

Bin ich als Einzelner vorbereitet und nur für mich selber verantwortlich, hat dies unweigerlich spezielle Vorteile. Zum einen muss ich nur für eine Person denken, planen und handeln. Auch liegt die Verantwortung weniger schwer, als wenn ich noch für eine Gruppe verantwortlich bin. Wenn Risiken eingegangen werden, so gehe ich diese nur für mich ein. Entscheidungen können also schneller getroffen werden und müssen nicht gegenüber anderen durchgesetzt werden. Ein Einzelner ist wahrscheinlich viel beweglicher aufgrund dieser schnellen Abfolge von Entscheidung und Handlungen. Es fällt wesentlich weniger Koordinierungsaufwand an, als gegenüber einer Gruppe. Sozialpsychologische Aspekte wie Neid, Missgunst und Streitigkeiten gibt es nicht. Alle gehorteten Vorräte und Materialien stehen nur einer Person zur Verfügung. Soweit zu den Vorteilen.

Umgekehrt hat aber auch eine Gruppe unschlagbare Vorteile zu bieten, welche die Leistungsfähigkeit eines Einzelnen schnell überbieten können. **So bietet die Gruppe positive sozialpsychologische Aspekte wie:**

- Zusammenhalt
- gegenseitige Motivation
- Informationsaustausch
- Aufgabenteilung
- und Zusammenbringung verschiedener Talente

Jede Einzelperson bringt verschiedene Fähigkeiten ins Team mit ein, welche die Leistungsfähigkeit des gesamten Teams erhöhen. Zum Beispiel könnte es sein, dass eine Person ein besonders guter Koch ist. Eine andere Person des Teams kennt sich sehr gut mit Erster Hilfe aus und ein weiteres Mitglied wiederum ist ein besonders guter Planer und Organisator. Möglicherweise gibt es eine weitere Person, die sich sehr gut mit CB-Funk und Telekommunikation auskennt, es gibt eine Mechanikerin oder eine Ärztin und so weiter. An diesen knappen Beispielen wird schnell deutlich, dass ein gut zusammengestelltes Team sehr viele gute und hilfreiche Kompetenzen in sich vereinigen kann.

Aber ein weiterer Aspekt kommt hinzu. Selbst wenn der Einzelkämpfer über zahlreiche geeignete Kompetenzen verfügt und diese bis zum *Gehtnichtmehr* trainiert hat, so kann er dennoch aufgrund seiner *zahlenmäßigen Unterlegenheit* in einer Krise sehr schnell an seine Grenzen stoßen. Denn in der Realität spielt das Kräfteverhältnis durchaus eine große Rolle.

Gehen wir davon aus, dass bei einem länger anhaltenden Blackout die Sicherheitslage regional oder großflächig außer Kontrolle gerät, dann muss mit marodierenden Banden und zahlreichen kriminellen Übergriffen gerechnet werden.

**Wir können weiterhin davon ausgehen, dass die kriminellen Banden meist nicht als Einzelgänger unterwegs sind, sondern sich als Gruppe organisiert haben.**

Nun würde also unser bestens vorbereiteter Einzelkämpfer im schlimmsten Fall einer bis an die Zähne bewaffneten Gruppen von fünf, zehn oder mehr Personen ganz alleine gegenüberstehen. Es wird glaube ich sehr schnell anhand dieses Bildes klar, dass der Einzelkämpfer, so gut er darauf vorbereitet sein mag, gegen eine solche Gruppe nur noch mit Glück bestehen kann. Wirklich sicher ist das aber nicht mehr. Und das wäre ja genau das Gegenteil dessen, was man eigentlich erreichen wollte. Das Ziel war es ja, sich krisensicher aufzustellen, um jedweder Gefahr trotzdem zu können.

**Vor diesem Hintergrund ist es tatsächlich so, dass eine kompakte und gut aufeinander abgestimmte Gruppe die Überlebensfähigkeit und den Kampfwert eines Einzelnen deutlich übersteigt.**

Eine kriminelle Bande oder andere Elemente, die es auf einen abgesehen haben, tun sich wesentlich schwerer mit einem Angriff, wenn ihnen eine ebenbürtige oder sogar eine überlegene Gruppe gegenüberstehen würde. Diese würden dann ihre leichtere Beute woanders suchen, anstatt selber ein hohes Risiko einzugehen.

Das Wichtige dabei ist aber Folgendes: Die Gruppe muss genauso wie jeder Einzelne speziell vorbereitet und ausgerüstet sein. Insofern kommt es explizit darauf an, ob und wie die Gruppe im Vorfeld geformt und ausgebildet wurde. Stellen wir uns also eine kleine Gruppe von vier oder sechs Gleichgesinnten vor, die sich eben nicht einzeln jeder für sich, sondern zusammen als Gruppe vorbereiten und gegenseitig ausbilden.

Über Monate oder Jahre würde diese Gruppe in der Vorbereitung zusammenwachsen, würde sich gegenseitig mit hilfreichen Informationen versorgen, von denen die anderen wieder profitieren, würde Materialien und Lebensmittelvorräte gemeinsam einlagern und auch gemeinsam Trainings und Übungen durchführen. Es liegt auf der Hand, dass es nur eine Frage der Zeit wäre, wann diese Gruppe zu einem gut ausgebildeten Team reifen würde, das sämtliche Krisenszenarien locker meistern würde.

## Im Übrigen hilft ein Blick zu den Profis

So sind militärische Sondereinheiten auch nie als Einzelgänger unterwegs sondern immer in kleinen Trupps. Ein Trupp ist eine militärische Einheit in einer Größe von ca. vier Soldaten. Das Viererteam ist eben gerade so groß, dass es sich gegenseitig optimal unterstützen kann und dabei aber klein genug, um schnell und flexibel genug reagieren zu können. Das deutsche KSK ist so gegliedert.

Ein kleiner Seitenhieb am Rande: Auch im filmischen Bereich gibt es Beispiele für solche Vierer-Trupps. So sind beispielsweise das bekannte *A-Team* oder auch die *Pinguine aus Madagaskar* zu viert unterwegs. In diesen Beispielen bewahrheitet sich, was eben gerade besprochen wurde: Jedes einzelne Mitglied der Gruppe ist auch hier ein Spezialist für dies oder das, die Gruppenmitglieder motivieren sich untereinander und tauschen Informationen aus, sie sind insgesamt zu weitreichenderen Handlungen in der Lage und können sich viel effektiver gegenüber einem Gegner behaupten. Die Drehbuchautoren haben sich mit an Sicherheit grenzender Wahrscheinlichkeit von den realen militärischen Gegebenheiten inspirieren lassen.

Ich hoffe, ich konnte an dieser Stelle anschaulich genug darstellen, dass es Sinn macht, sich in einer kleinen und kompakten Gruppe zu organisieren, sollte dies möglich sein. Diese Gruppe kann letzten Endes auch die eigene Familie sein, mit der man ja ohnehin zusammenlebt. Warum also nicht das gemeinsame Hobby der Krisenvorbereitung pflegen? Hier ist sicherlich für jeden was dabei und langweilig wird es ganz sicher auch nicht aufgrund des großen Spektrums. Ich denke hier beispielsweise an Sport und Gesunderhaltung, gemeinsames Zubereiten gesunder Nahrung, gemeinsamer Einkäufe und Einlagerung der Vorräte, gemeinsame Trainingsmärsche mit Rucksack in freier Natur oder einfach nur Sport in der Gruppe.

Ebenso könnte ein gemeinsames Survival-Training auf dem Plan stehen, das insbesondere auch für Kinder einen sehr hohen Unterhaltungswert besitzt. Mir ist kein Kind bekannt, das nicht großes Interesse daran haben würde, ein paar Tage im Kreise seiner Familie mit Zelt und Rucksack im Freien zu verbringen, um dabei so manche Abenteuer in Gottes freier

Natur zu erleben. Natürlich läuft auch hier nicht immer gleich alles nach Plan, aber genau darum geht es ja in der Vorbereitung. Denn je mehr gemeinsame Erfahrungen gemacht werden, desto krisensicherer wird die Kleingruppe werden. Wenn man das Ganze nicht allzu ernst betreibt, sondern mit viel Spaß und guter Laune angeht, dann werden alle genügend positive Eindrücke sammeln, die prägend sein werden für das ganze Leben.

# 10. Kapitel: Die Gruppe braucht einen Anführer

Genauso wie bei den Pinguin aus Madagaskar oder beim A-Team kann und sollte es auch im echten Leben einen Gruppenanführer geben. Das klingt zunächst erstmal nach Herrschaftsanspruch, ist aber genau das Gegenteil.

In kritischer Lage oder bei schwierigen Entscheidungen ist es sehr sinnvoll, dass nur einer die Entscheidung trifft, die dann alle anderen ausführen. Hierbei kann es darum gehen, welche Richtung bei einem Geländemarsch eingeschlagen werden soll oder wo der Platz für ein Nachtlager idealerweise errichtet werden soll, es kann um Entscheidungen gehen, welche Essensvorräte verbraucht werden sollen und welche noch als Reserve zurück behalten werden müssen und vieles mehr. Oft braucht es auch jemanden, der ganz klar ansagt, wer welche Aufgaben im Team zu übernehmen hat und wer frei hat, um sich auszuruhen.

Wer die Führungspersönlichkeit des Teams ist oder sein sollte, hängt eng damit zusammen, wer der Erfahrenste ist und der am besten Ausgebildete. Es sollte die Person sein, mit den meisten Vorkenntnissen und Vorerfahrung. Das muss also nicht zwingend notwendig der Älteste oder die Älteste sein. Sondern idealerweise die Person, die am besten für die Führung des Teams geeignet ist. Von diesem Erfahrungsschatz profitieren dann auch alle anderen Teammitglieder, die zwar viele gute Einzelkompetenzen mitbringen, aber insgesamt noch nicht über diesen Level des Anführers verfügen.

Auch aus diesem Grund und vor diesem Hintergrund verfügt jede militärische Einheit und jede Einheit der Feuerwehr, des Katastrophenschutzes und der Polizei über einen Anführer oder eine Anführerin. Man stelle sich vor, bei einem Häuserbrand würden die versammelten Feuerwehrleute sich erstmal beratschlagen, was denn nun zu tun sei und abstimmen, welches das beste Vorgehen wäre, um den Brand zu löschen. Undenkbar. Und so ist auch der Zugführer eines Feuerwehrzuges immer die erfahrenste und am besten ausgebildete Person am Platz. Alle anderen Feuerwehrleute wissen das durch ihre Vorerfahrung und durch die gemeinsamen Aktivitäten und vertrauen blind auf die Kompetenz dieses Anführers. Das ermöglicht schnellste Reaktionszeiten und eine optimale Zielerreichung. Nach getaner Arbeit und im Pausenraum kann es dann auch wieder lockerer und unbefangener zu gehen. Da sind dann alle wieder gleich.

Ich glaube, es ist nun hinreichend klar geworden, dass ein gut zusammengestelltes, gut ausgerüstetes und gut vorbereitetes Team mit einem fähigen Anführer erheblich mehr Potenzial hat, als ein einsamer Kämpfer. Wer also im Moment noch alleine ist, der kann diese Zeilen ja gerne mal als Anstoß nutzen, sich ab sofort umzuschauen, ob es nicht Gleichgesinnte gibt, mit denen er oder sie sich zusammenschließen kann, um ein solches Team zu bilden. Gemeinsam macht ohnehin alles viel mehr Spaß, das ist in Friedenszeiten so und bei einer Krise oder einer Katastrophe erst recht.

# 11. Kapitel: Lebensmittelvorräte – Das A und O

Wer kürzlich oder in den letzten Monaten Einkaufen war und wieder vor leeren Öl-, Mehl- oder Toilettenpapier-Regalen gestanden hat, der konnte sich einen ersten Eindruck davon verschaffen wie es ist, wenn Produkte des täglichen Bedarfs plötzlich nicht mehr vorhanden sind. Menschen die in der DDR groß geworden sind, erinnern sich dann möglicherweise an ihre Kindheit. Dort gab es dieses Phänomen nämlich auch häufig. Das Phänomen der leeren Regale.

Nur waren diese Menschen über Jahrzehnte hinweg auf solche Situation bestens vorbereitet und hatten immer eine alternative Lösung parat. So war es in der DDR normal im eigenen Keller Vorräte einzulagern für schlechte Zeiten.

Wer in diesen Tagen Einkaufen geht, steht aber nicht nur vor leeren Regalen, sondern erlebt auch Mitbürger, die ebenfalls begehrte und seltene Güter erwerben wollen und dann auf das Fehlen derselben mit Wut und Ärger reagieren. Nicht selten kam es in den letzten Monaten zu Handgreiflichkeiten, zu Streitereien oder sogar zu körperlichen Auseinandersetzung in Supermärkten aufgrund der knappen Güter. Menschen klammerten sich an Speiseölflaschen fest oder rissen sie anderen wieder aus den Händen, um diese selber zu *erbeuten*. Security Dienste mussten beauftragt werden, um in den entsprechenden Märkten wieder für Sicherheit und Ordnung zu sorgen. Angestellte der Supermärkte wurden angewiesen, den Verkauf auf eine bestimmte Zahl zu begrenzen. Zeitweise und in bestimmten Märkten war es nicht volljährigen Personen sogar verboten, Speiseöl einzukaufen.

Jetzt stellen wir uns alle mal kurz vor wie es wäre, wenn eine tatsächliche Lebensmittelknappheit auftreten würde. Wenn also nicht nur das Speiseöl oder das Toilettenpapier knapp werden würden, sondern sämtliche Lebensmittel nur noch sehr begrenzt erhältlich wären. Und wieder haben wir das Bild von der Zombieapokalypse vor Augen, in der Menschen zu Tieren werden, die vom Hunger getrieben mitleidlos und egoistisch versuchen, das Notwendige für sich selbst zu ergattern, koste es was es wolle.

Auch hier gehört wieder der zu den Gewinnern, der bereits Monate vor der Katastrophe ausreichend vorgesorgt hat, dessen Keller und Vorratsräume prall gefüllt sind mit allem was das Herz begehrt und der nur noch zuzugreifen braucht. Man kann sich leicht vorstellen, welch angenehmes Gefühl es sein muss, wenn man diesen Zustand erreicht hat und in vollen Zügen davon profitieren kann. Man kann damit nicht nur sich selber versorgen, man kann auch schnell zum Helfer für andere Menschen werden, natürlich nur, wenn die Lage dies zulässt. Lebensmittel würden zu diesem Zeitpunkt auch einen erheblichen Tauschwert besitzen. Man wird also Lebensmittel ohne weiteres gegen andere notwendige Dinge tauschen können.

**Lebensmittel werden zu diesem Zeitpunkt das neue Gold sein.**

# 12. Kapitel: Die mentale Stärke trainieren

Geht es um die Vorbereitung auf eine Krisensituation oder auf einen Katastrophenfall, dann denken viele Menschen zunächst an Survival-Methoden wie Feuermachen ohne Feuerzeug, an Vorräte bunkern oder an Kochen im Freien. Viele haben das Bild im Kopf, dass sie nur die richtigen *Techniken* anzuwenden hätten und dann locker über die Runden kommen würden. Vermutlich stammt diese Einstellung noch aus Schulzeiten, als man uns Techniken und Methoden vermitteln wollte, deren Anwendung uns dann Sicherheit in der Theorie geben sollte. Und hier liegt auch der Haken an der Sache. Das Schulwissen war zu 99% Theoriewissen. Es wurde und wird in der Praxis so gut wie nie ausprobiert und getestet. Survival und Prepping jedweder Art zeichnen sich aber durch Praxis aus, also durch das aktive *Tun*. Ob es funktioniert oder nicht zeigt sich erst im Praxistest.

Was hat das Ganze nun mit mentaler Stärke zu tun? Nun, das ist ganz einfach. Denn im realen Praxistest kommen noch viele weitere Faktoren hinzu, die den normalen Ablauf stören oder beeinflussen. Wer sich bei Stromausfall zum Beispiel ein Feuer entzünden will, um darüber seine Mahlzeit zubereiten zu können, der muss selbstverständlich über das theoretische Wissen verfügen, wie so etwas geht. Er muss es zudem probieren und testen und seine Erfahrungen machen, was klappt und was nicht klappt. Und jetzt kommt das Entscheidende:

**Reale Krisensituation sind niemals *Schön-Wetter-***

***Situationen.* Sondern es kommen immer noch weitere Faktoren hinzu, die zusätzlich eine Belastung darstellen.**

So kann es beispielsweise sein, dass es in Strömen regnet, dass es bitter kalt oder windig ist, dass man an Licht-Tarnung denken muss, um nicht zu auffällig in Erscheinung zu treten, dass es bereits auf Nahrung wartende Menschen im eigenen Umfeld gibt, die schon ungeduldig werden und damit zusätzlichen psychologischen Druck ausüben. Vielleicht muss das Feuer in einer gefährlichen Umgebung entzündet werden. Möglicherweise gibt es bereits marodierende Banden, die auf solche Feuer aufmerksam werden könnten und neugierig werden. Es muss also dringend auch an Selbstverteidigung und Abwehrmaßnahmen gedacht werden.

Ich könnte diesen Reigen noch eine ganze Zeit lang weiterführen und weitere Beispiele aufzählen, die parallel zu der Situation *Feuermachen* auftreten können. Selbst erfahrene Prepper und Survival-Profis können hier mitunter schnell an ihre Grenzen stoßen, denn es müssen verschiedenste Dinge gleichzeitig im Blick behalten werden, um sofort lageangemessen reagieren zu können. Du musst also vor allen Dingen eine Sache können:

**Durchhalten!**

Und das auch unter schwierigsten Bedingungen.

Nun könnte es sein, dass der Laie annimmt, dass ein körperlich gut durchtrainierter Mensch automatisch auch mentale Stärke besitzt. Aber das ist keinesfalls immer gegeben. Mentale Stärke oder auch Resilienz (gelegentlich auch als Spannkraft bezeichnet) meint, dass widrige, unangenehme, belastende, schwierige, oder anstrengende Situationen von der Psyche der jeweiligen Person verkraftet werden können, also weggesteckt werden. Aus eigener Erfahrung weiß ich, dass nur ein kleiner Prozentsatz der Menschen aus dem Stand heraus dazu in der Lage ist. Die meisten Menschen sind unter extremen Belastungen mental nicht mehr in der Lage einen klaren Kopf zu bewahren und die nötigen Aktionen zielgerichtet zielstrebig durchzuführen.

Dies liegt nicht etwa in der Natur des Menschen begründet. Würde der Mensch in der Natur leben, dann hätte er diese Resilienz. Sondern es hat etwas mit unserer Erziehung und mit unserer Sozialisation in der modernen Gesellschaft zu tun. Schlicht gesagt: Niemand übt mentale Stärke unter widrigen Bedingungen.

Das was zu früheren Zeiten für Spartaner, Griechen und Römer zum normalen Einmaleins der Erziehung gehörte, gilt heute weitestgehend als ausgestorben oder sogar als verpönt. Schule, Beruf und Freizeit spielen sich fast ausschließlich unter *Schön-Wetter-Bedingungen* ab. Kommen wirklich harte Strapazen, wissen viele nicht mehr weiter. Die Schlussfolgerung daraus: Vielmehr muss schon jetzt das *Worst-Case-Szenario* trainiert werden, also nicht der bestmögliche Fall sondern der schlechtmöglichste Fall muss in der theoretischen und der praktischen Vorbereitung ins Auge gefasst werden.

Tut man dies, so gerät man automatisch nicht nur an seine körperlichen Grenzen, sondern auch an seine *mentalen* Grenzen. Jeder Mensch hat diese mentale Grenze und jeder Mensch hat sogar eine *individuelle mentale* Grenze. Jeder Mensch ist anders und reagiert anders in belastenden Situationen. Wo die eigene Grenze liegt und wie man nach Erreichen dieser Grenze reagiert, das findest du nur heraus, wenn du dich schon jetzt einem solchen Training stellst.

In der Vorbereitung auf einen Blackout oder auf eine andere Katastrophe ist dabei unbedingt zu beachten, dass neben allen anderen Notwendigkeiten auch die mentale Stärke immer mit trainiert wird. **Dies geschieht durch fordernde praktische Übungen.** Wer sich dies zur Angewohnheit macht und sich daran gewöhnt, dass manche Dinge anstrengend und belastend sein können, für den wird diese Erfahrung in einer Krise oder in einem Katastrophenfall wie einem Blackout keine Überraschung mehr darstellen, sondern er wird seine Grenzen kennen und wissen, wie er damit umzugehen hat. Wer aus Erfahrung genau weiß, wie er eine belastende Situation mental meistern kann, der wird in einer Krisensituation selbstbewusst auf dieses Wissen zurückgreifen können. Die Überlebenswahrscheinlichkeit steigt immens.

# 13. Kapitel: Praktische Resilienzübungen

Was meine ich damit genau? Hier einige Beispiele: Sich für einen Marsch durchs Gelände das richtige Schuhwerk, die richtige Ausrüstung, den richtigen Rucksack, das richtige Equipment zu besorgen, ist eine Sache. In einer realen Situation mit einem 20 kg schweren Rucksack, in nassen Klamotten, bei eingeschränkter Sicht und mit Schwielen an Händen und Füßen durch unwegsames Gelände zu marschieren, möglicherweise noch hilfsbedürftige Personen dabei zu haben auf die man besonders achten muss und für die man verantwortlich ist, das ist etwas anderes. Es *fühlt* sich schlichtweg ganz anders an. Viel anders, als man es beim Lesen eines Buches vermutet hätte. Mein Ratschlag lautet deshalb an alle, die sich ernsthaft vorbereiten wollen:

**Du musst es auch TUN!**

Die Praxis ist wichtiger als die Theorie. Selbstverständlich benötigen wir dafür theoretisches Wissen, das ist klar. Ohne das geht es nicht. Jedoch sollen wir so schnell wie möglich *ins Handeln* kommen, um das Gelernte am eigenen Körper wahrzunehmen.

Was kann mentale Stärke bei einem Blackout aber alles leisten? Nun, selbst wenn jemand perfekt vorbereitet ist auf einen flächendeckenden Stromausfall, selbst wenn Vorräte und Materialien vorhanden sind, wenn die nötigen Vorbereitungen getroffen wurden und auch wenn der nötige Wille da ist, um die Situation gut zu überstehen, können Gefühle wie Angst oder Unsicherheit zum Beispiel zu Schlafproblemen führen, die wiederum an der Kraft der jeweiligen Person nagen. Auch könnte mentaler Stress dazu führen, dass die Nahrungsaufnahme einzelner Personen verweigert wird. Familienmitglieder könnten sich weigern, notwendige Tätigkeiten durchzuführen, schlicht weil sie selber der Situation mental nicht gewachsen sind. In all diesen und ähnlichen Situationen benötigt es einen mental starken Anführer, der gut informiert ist über die Stärken und Schwächen seines Teams, aber auch seiner selbst.

Ist er mental stark und an schwierige Situationen bereits gewöhnt, dann besteht eine sehr hohe Wahrscheinlichkeit, dass er durch sein entschlossenes Handeln all das durchsetzt gegenüber sich selbst und seinem Team, was eben durchgesetzt werden muss.

Der ein oder andere wird sich nun die Frage stellen, wie man solche extremen Situationen in unserem Alltag bereits üben kann. Das ist überhaupt nicht so schwer, wie man meinen könnte. Hierzu kann ich ganz alltägliche Situationen hernehmen und ihrem Schwierigkeitsgrad abwandeln. Hier nun einige Beispiele:

Wer normalerweise daran gewöhnt ist, einmal in der Woche zehn Seiten aus einem Buch zu lesen, der kann seine mentale Stärke dadurch trainieren, dass er ab sofort **jeden Tag** zehn Seiten liest. Wozu das am Anfang führt, ist klar: Gereiztheit und Unwillen. Und genau da beginnt das Training der mentalen Stärke. **Wer immer ein Stückchen mehr leistet, als er eigentlich zu leisten bereit ist, der erweitert seine Komfortzone jeden Tag ein bisschen weiter in die richtige Richtung.**

Nächstes Beispiel: Am Wochenende wird der Familieneinkauf erledigt. Anstatt mit dem geräumigen Familienfahrzeug vor dem Supermarkt vorzufahren und alles gemütlich einzuladen, besorgt man sich einen geräumigen Handwagen und geht zu Fuß zum benachbarten Supermarkt. Bei schlechtem Wetter führt man Nässeschutz und Abdeckmaterialien für den Handwagen mit sich. Der 20 kg oder 30 kg schwere Einkauf wird in den Handwagen verladen und dann nach Hause gezogen. Das geht bei jedem Wetter und zu jeder Jahreszeit, also auch im Winter oder im Sommer bei sengender Hitze. Was sind die Effekte? Neben dem steten körperlichen Training an frischer Luft findet auch ein Training der mentalen Stärke statt. Die spontane Reaktion eines jeden Einzelnen wird es möglicherweise sein, zu fluchen und zu schimpfen und zu bereuen, dies getan zu haben. Der ein oder andere wird ans Aufgeben denken und überlegen, mit dem Handy schnell jemanden anzurufen, damit er abgeholt werden kann. Das sind normale Reaktionen.

Und im Rahmen des mentalen Trainings kommt es nun darauf an, sich an diese Abwehrgedanken zu gewöhnen, ohne ihnen nachzugeben. Man wird beginnen sich selber Mut zu zureden, sich erneut zu motivieren, um die Strapaze durchzuhalten. Man kann sich leicht vorstellen, wozu ein solches Training am Ende führen wird.

Auch bei einem Blackout oder einer anderen Katastrophe wird es nämlich dazu kommen, dass motorisierte Fahrzeuge plötzlich nicht mehr funktionieren werden. Man wird dann sofort darauf angewiesen sein, Dinge mit purer Muskelkraft auch bei widrigen Verhältnissen von A nach B zu transportieren. Auch dann wird es regnen, auch dann wird es kalt sein, denn der Blackout sucht sich keine bevorzugte Jahreszeit oder ein angenehmes Klima aus. Wer also die mentale Stärke jetzt schon übt, der wird auch in der Krise ganz genau wissen, was auf ihn zukommt und wie er damit umzugehen hat.

Im Grunde, das sagte ich ja schon, kannst du jede gewöhnliche und alltägliche Lebenssituation hernehmen und sie abwandeln, sodass sie auch mental anstrengender wird. Ziel des Trainings ist es, sich an diese mentale Belastung zu gewöhnen.

Ein Tipp dazu noch: Die Steigerung der Belastung sollte *schrittweise* vorangehen. Das heißt, zunächst beginnt man nur mit minimalen Veränderungen, später steigert man sich dann immer weiter. Wem zum Beispiel der schwere Wocheneinkauf noch zu viel ist, der fängt erstmal mit einem Mini-Einkauf an möglicherweise mit dem Rucksack, aber bitte zu Fuß. Nun drücken plötzlich die Schuhe, eine Blase hat sich am Zeh gebildet, es tut weh, man ist geneigt aufzugeben und jetzt beginnt das Training der mentalen Stärke. Nur wer jetzt entschlossen seinen Weg fortsetzt, der wird auch in der Krise dieselbe Entschlossenheit an den Tag legen können.

# 14. Kapitel: Analyse des Bundesamtes für Bevölkerungsschutz und Katastrophenhilfe (BBK)

Nun wird allgemein davon ausgegangen und davon berichtet, dass lediglich Prepper ausführlich auf das Thema Blackout und Katastrophenschutz vorbereitet sein würden. Jedenfalls wird regelmäßig in den Zeitungen und Medien darüber berichtet. Es wird weiterhin das Bild vermittelt, dass eigentlich für alles gesorgt sei und dass wir keine Krisenvorbereitung benötigen würden. Dieses durch die Medien vermittelte Bild ist aber unvollständig oder sogar falsch. Denn in Wirklichkeit rät das Bundesamt für Bevölkerungsschutz und Katastrophenhilfe (BBK) allen Bürgerinnen und Bürgern Deutschlands zu einem bestimmten Verhalten in Vorbereitung auf einen Blackout. Schon jetzt!

Das BBK spricht davon, dass Deutschland zwar eines der sichersten Stromnetze der Welt habe, aber dass auch wir hier nicht davor geschützt sind, dass es zu einem Totalausfall mit verheerenden Folgen kommen könnte. Hier der Wortlaut des BBK:

*Züge würden nicht mehr fahren, Aufzüge würden feststecken, Geldautomaten würden streiten und Einkaufen wäre nur noch eingeschränkt möglich. Außerdem würden alle Geräte im Haushalt ausfallen, die Wohnungen wären dunkel und würden auskühlen. Und auch die Wasserversorgung wird betroffen sein. Das Telefonieren wird noch wenige Stunden nach Blackout möglich sein, danach seien auch die Notstrom-Reserven der Betreiber aufgebraucht.*

Im Grunde genommen deckt sich diese Aussage eins zu eins mit den hier in diesem Buch gemachten Feststellungen. Die Folgen eines Blackouts werden also tatsächlich in kurzer Zeit dramatische Auswirkungen entfalten. Menschen werden auf offener Strecke in Zügen stecken bleiben oder werden in Aufzügen in Hochhäusern gefangen sein, Telefonieren - insbesondere auch Notrufe absetzen - wird nicht mehr möglich sein und die Feuerwehren und die Polizei werden ihre Ziele kaum noch erreichen können, weil viel zu viele Notrufe auf einmal eintreffen und der Verkehr durch ausgefallene Ampelanlagen zum Erliegen gekommen sein wird. Und das bei gleichzeitiger Dunkelheit und Ausfall der Wasserversorgung. Ein einziges Chaos wird die Folge sein. Kommunikation mit den Bürgerinnen und Bürgern wird auf elektronischem Wege nicht möglich sein mit einer einzigen Ausnahme: über batteriebetriebene Radioempfänger.

Diese Hinweise kommen wie gesagt von einer deutschen Behörde, sie sind also amtlich gültig und deshalb für jedermann ein ernstzunehmender Hinweis. So gesehen müsste man sämtliche Prepper auch in höchsten Tönen loben, anstatt sie zu belächeln, denn sie erfüllen in vorbildlicher Weise die Handlungsanweisungen des BBK schon jetzt. Und dass dies keinesfalls übertrieben ist, darauf weist das BBK in seinen Veröffentlichungen selber mehrfach hin. **So rät das Amt dazu, einen Notvorrat für jeden Haushalt und für jede Person schon jetzt anzulegen. Die Empfehlungen des BBK sehen so aus:**

- Trinkwasser und Lebensmittel für 10 Tage
- Ein batteriebetriebenes Radio mit einem genügenden Vorrat an Batterien
- Hygiene Artikel und gegebenenfalls Babynahrung
- Warme Kleidung
- Kerzen oder Campinglampen
- Genügend Batterien und Gaskartuschen
- Ein Campingkocher
- Feuerlöscher oder Löschdecke
- Stromerzeuger oder Brennstoffzellen

Das BBK weist übrigens auf einen besonderen Hack hin, den man bisweilen nicht so oft vernimmt, der aber auf der Hand liegt: Jeder der ein Auto besitzt, verfügt in der Regel über ein Autoradio, das an eine Autobatterie angeschlossen ist. Es handelt sich also in der Tat um ein *batteriebetriebenes Radio*. Dieses Autoradio funktioniert natürlich eine ganze Weile auch erstmal ohne erneute Energiezufuhr. Dieses Autoradio können sofort die meisten Menschen nutzen, um sich über die aktuelle Lage auf dem Laufenden zu halten.

Das BBK weist aber sogar darauf hin, dass über die Grenze des eigenen Haushalts hinweg mit Nachbarn oder Freunden Dinge getauscht werden können und man sich so bargeldlos gegenseitig mittels Tauschhandel unterstützen kann.

Wer sich also an die Anweisungen und Empfehlungen des BBK hält, der macht nichts anderes, was Prepper seit Jahren predigen: sich professionell auf den Ernstfall vorzubereiten. Wer so handelt, macht also alles richtig und erfüllt damit sogar seine Bürgerpflichten in vorbildlicher Weise.

# 15. Kapitel: Vorsorgeplan laut BBK

Wenn es um das Anlegen von Depots oder Essens- oder Materialvorräten geht, dann herrscht in der Allgemeinheit das Bild vor, dass dies unsolidarisch sei, weil man ja anderen etwas wegnehmen würde, um sich selber abzusichern. Dass dieses Bild vollständig falsch ist, darauf weist auch das Bundesamt selber hin.

**Das Amt unterstreicht, dass Vorräte nicht erst dann angelegt werden dürfen, wenn der Engpass (also der Ernstfall) eingetreten sind, sondern bereits im Vorfeld, also in sicheren Zeiten.**

**Das Amt ruft jeden dazu auf, einen solchen Notvorrat anzulegen, weil dies sogar gut für die Gemeinschaft sei.**

Es kommen aber weitere psychologische Gründe hinzu, die den modernen Menschen bisher abgehalten haben, so zu handeln. Unsere heutige moderne Gesellschaft möchte einfach nicht mehr wahrhaben wollen, dass es möglicherweise reines Glück ist, dass es so vielen von uns heutzutage gut geht und wir in den Geschäften vor gefüllten Regalen stehen. Sich mit Krisen, Krieg oder Katastrophen zu beschäftigen, ist eben nicht *on vogue*. Es gilt als wenig populär, auf die Gefahren oder auf mögliche Notstände zu blicken. Wer das tut, gilt als Spielverderber und als Miesepeter.

Das ist aber falsch! Es ist so ein bisschen wie das Verhalten von Kleinkindern, die sich bei einer Gefahr die Augen zu halten, frei nach dem Motto, *wenn ich nicht hin schaue wird schon nichts passieren*. Weit gefehlt, kann man da nur sagen.

Menschen, die auch für andere verantwortlich sind (zum Beispiel für ihre Familienmitglieder) haben nicht nur für sich die Verantwortung, sondern müssen auch sicherstellen, dass die Kleinsten und Schwächsten oder Hilfsbedürftige in der eigenen Familie in einer Krise wie einem länger anhaltenden Blackout auch über Wochen und Monate gut versorgt sind. Wie wollte man es den eigenen Kindern später erklären, wenn plötzlich der Strom weg bleibt und auch nach Tagen nicht wieder angegangen ist und wenn dann die Lebensmittel knapp werden, kein Wasser mehr da ist und die eigenen Kinder nicht mehr richtig versorgt werden können. Würde nicht allerspätestens hier die Frage laut werden: *Papa, Mama, wieso haben wir eigentlich keine Vorräte im Haus?*

Und so lautet auch die Empfehlung des Bundesamtes für Bevölkerungsschutz und Katastrophenhilfe richtigerweise, einen solchen Notvorrat für mindestens zehn Tage anzulegen. Das Amt hat hierzu eigens eine Broschüre ausgegeben, die so etwas Ähnliches darstellt, wie ein Mini-Prepper-Handbuch. Es handelt sich um die Broschüre mit dem Namen *„Katastrophenalarm! - Ratgeber für Notfallvorsorge und richtiges Handeln in Notsituationen"*.

Darin weist das Amt explizit darauf hin, dass Deutschland nur dann gut auf die Abwehr eines Blackouts vorbereitet sein wird, wenn jeder Einzelne vorbereitet ist. Die Hilfskräfte würden zwar versuchen, nach besten Kräften überall Hilfe zu leisten. Aber das sei bei einer größeren Katastrophe schlichtweg unmöglich. Somit müssten Einzelhaushalte in der Lage sein, mindestens zehn Tage autark überlebensfähig sein zu können, auch ohne fremde Hilfe.

Auch dies wird ganz sicherlich bei näherer Betrachtung für viele Mitbürgerinnen und Mitbürger eine Überraschung darstellen. **Würde man in der Fußgängerzone eine spontane Umfrage durchführen, dann würden die meisten Menschen wohl äußern, dass sie bei einer Katastrophe mit sofortiger Hilfe rechnen würden. Das ist aber reines Wunschdenken.** Sie kennen offenbar die Empfehlungen des Bundesamtes für Katastrophen nicht. Würden diese ernstgenommen werden, so müsste jeder Bewohner Deutschlands einen Notvorrat eingerichtet haben und entsprechend persönlich vorbereitet sein.

Das BBK stellt die Lebensmittelvorsorge in den Mittelpunkt. Um überleben zu können, so das BBK, muss ausreichend Essen und Trinken bevorratet sein. Der Gedanke ist es dabei, dass ein Mensch drei oder vier Wochen ohne Nahrung lebensfähig sein kann aber nur drei Tage ohne Flüssigkeitszufuhr überleben kann.

*Praxistest: Ich habe selber mal aufgrund einer wirklich misslichen Lage die Erfahrung gemacht, ganze vier Wochen ohne Nahrungszufuhr überleben zu müssen. Ich habe absolut nichts gegessen, nur getrunken. Mein Gewicht ist in dieser Zeit von 102kg auf 82 kg geschrumpft. Ich habe also von meinen körpereigenen Reserven profitiert und diese nach und nach aufgebraucht. Ich war im Nachhinein heilfroh, dass ich mir vorher ein paar Reserven angefuttert hatte. Als ich danach wieder Nahrung zu mir genommen hatte, stieg das Gewicht schnell wieder auf den Normalwert an. Ende gut, alles gut!*

Das Amt empfiehlt einen Vorrat pro Person, der für zehn Tage reicht. Es sollten Lebensmittel bevorratet werden, die auch sonst verzehrt werden. Dies ist schon mal ein sehr wertvoller Hinweis, denn er bedeutet in der Umsetzung, dass im Grunde genommen ganz normal eingekauft werden kann, aber eben in etwas größeren Mengen und in etwas größeren Abständen als normalerweise. Anstatt also zwei Äpfel und eine Banane täglich neu einzukaufen, würde man also beispielsweise fünfzehn Äpfel und zehn Bananen einkaufen und sie nach und nach verbrauchen. Ebenso würde es sich mit allen anderen Vorräten verhalten, wobei ein Mix angedacht ist zwischen verderblicher und haltbarer oder sogar lange haltbarer Ware.

Lange haltbare Ware ist Nahrung aus Dosen, die meist mehrere Jahre haltbar ist und in der Regel ohne Erwärmung im Notfall auch kalt verzehrt werden kann. Die Supermärkte bieten derzeit alles was notwendig ist, um einen solchen Notvorrat anzulegen. Es bedarf hierbei nicht unbedingt spezieller Notvorräte, Militärnahrung oder sonstiger Spezialisierungen. Warum es trotzdem gut sein kann, auch in diese Richtung weiter zu denken, sehen wir noch in einem späteren Kapitel.

**Hier die genauen Mengenangaben des BBK. Um den Notvorrat richtig anzulegen, müssen pro Person folgende Mengen bevorratet sein:**

- 20 l Getränke, hier insbesondere Wasser
- 3,5 kg Getreide, Getreideprodukte, Brot, Kartoffeln, Nudeln, Reis
- 4 kg Gemüse, Hülsenfrüchte
- 2,5 kg Obst und Nüsse
- 2,6 kg Milch und Milchprodukte
- 1,5 kg Fisch Fleisch Eier
- 0,357 kg Fette und Öle

Alles andere kann nach Belieben bevorratet werden, wie zum Beispiel Zucker, Honig, Marmelade, Schokolade, Fertiggerichte und so weiter.

Ich halte diese vorgeschlagene Liste zunächst mal für gut, aber nach meinem Geschmack noch lange nicht für ausreichend. **Es handelt sich hier tatsächlich um einen absoluten Notvorrat, den tatsächlich jeder zu Hause haben sollte.** Aus eigener Erfahrung wissen meine Familie und ich, dass es ohnehin viel effizienter ist, gleich für eine Woche oder zehn Tage einzukaufen, anstatt wegen jeder Kleinigkeit zum Geschäft zu gehen. Insofern macht eine Bevorratung für eben diese zehn Tage gleich aus mehrfacher Sicht Sinn. Aber ist eine Katastrophe wie ein Blackout auch sicher nach dieser Zeit beendet? Müssen wir uns darauf einstellen, dass wir gegebenenfalls länger oder sogar viel länger durchhalten müssen? Was, wenn noch weitere Unwägbarkeiten dazu kommen, mit denen wir gar nicht gerechnet haben?

Es macht also Sinn, weiter zu denken. Dabei kann diese Liste des BBK ein guter Anhalt sein und einen Anfang darstellen. Nichtsdestotrotz kann dies aus meiner Sicht nur das Fundament sein, auf dem dringend weiter aufgebaut werden sollte. Lang haltbare Vorräte nehmen im Grunde genommen auch nicht viel Platz weg und jeder findet in seinem zu Hause noch ein Plätzchen unter dem Bett, in Schränken und Regalen, im Keller, im Vorratsraum oder irgendwo anders, wo solche Sachen problemlos deponiert werden können.

Neben diesem Notvorrat an ganz gewöhnlichen Lebensmitteln empfiehlt das BBK die Anschaffung eines **Campingkochers mit Gaskartusche**, weiterhin bei Bedarf **Babynahrung** und gegebenenfalls **Kost für Allergiker oder Diabetiker**. Auch an den **Haustierbedarf** muss gedacht werden. Es sind also ebenfalls entsprechende Mengen an Hunde- und Katzenfutter und so weiter vorzuhalten. Da bei einem Stromausfall auch gemäß BBK damit zu rechnen sein wird, dass der Wasserzulauf nicht mehr funktioniert, muss nicht nur genügend Wasser zum Trinken bevorratet werden, sondern zusätzlich auch zur **Körperhygiene**. Sicherlich ist Körperhygiene zumindest in den ersten Tagen von untergeordneter Relevanz, wenn es um das Überleben geht. Trotzdem gibt das nasse Feucht in Krisenlagen das gute Gefühl eines gepflegten Körpers zurück und erleichtert damit das Durchhalten. Selbstverständlich ist das Wasser für diesen Zweck äußerst sparsam zu verbrauchen. An erster Stelle steht weiterhin der Wasserkonsum zur Aufrechterhaltung der Gesundheit und der Fitness.

Das BBK empfiehlt außerdem **Entkeimungsmittel**, um Wasser auch längerfristig haltbar zu machen. Diese Entkeimungsmittel basieren meist auf Chlorbasis. Das so entkeimte Wasser schmeckt ein klein wenig wie Schwimmbadwasser. Wir kennen das alle.

Da gemäß BBK damit zu rechnen sein wird, dass auch die Müllabfuhr für die Dauer des Blackouts inaktiv sein wird, wird empfohlen, Müll in **großen Müllbeuteln** zu sammeln. Weiterhin wird empfohlen, zur Haushaltsreinigung **Papiertücher** (beispielsweise auch Toilettenpapier) zu nutzen. Somit könnten benutzte Teller und Bestecke schneller vorgereinigt werden ohne dafür Wasser zu benutzen. Das ist sicherlich für den einen oder anderen eine Umstellung, aber würde sich in einer solchen Krise tatsächlich nicht vermeiden lassen. Beim Survival und beim Militär macht man dies genauso: Der benutzte Kochtopf oder das benutzte Essbesteck werden im Wald mit Blättern von Bäumen vorgereinigt, um die größeren Verschmutzungen schnell und effektiv herauszubekommen. Erst ganz am Ende kann man mit ein paar Tropfen Wasser und einem Tuch ein wenig nachpolieren.

Das Amt empfiehlt weiterhin richtigerweise eine kleine **Hausapotheke** mindestens in Form eines **Auto Verbandskastens** und in Form von **Schmerzmitteln, Sonnencreme und Desinfektionsmitteln**.

*Kleiner Exkurs Schmerzmittel: Da Schmerzmittel Medikamente darstellen, erzeugen sie Nebenwirkungen. So können starke Schmerzmittel zum Beispiel das Blut verdünnen oder sie können die Darmflora schädigen. Deshalb sollten sie wirklich nur dann verwendet werden, wenn die Schmerzen nicht mehr auszuhalten sind. Es gibt solche Fälle von sehr starken Schmerzen und jeder Betroffene ist heilfroh, wenn er damit wieder zur Ruhe kommen kann. Das ist aber die Ausnahme. Schmerzmittel sind keine Aufputschmittel und sollen auch nicht als solche Missbraucht werden.*

Innerhalb der Broschüre finden sich viele weitere Hinweise, die eins zu eins in Videos und Ratgebern von Preppern und Survival-Experten ebenfalls so kommuniziert werden. Die Broschüre kann beim Amt über die Webseite **www.bbk.bund.de** angefordert werden. Man staunt nicht schlecht über so viele Gemeinsamkeiten. So wird in der Broschüre sogar explizit auf den **Notfallrucksack** eingegangen, auf das Anlegen einer **Notfall-Dokumentenmappe**, auf **richtige Kleidung** bei Stromausfall, auf das Anlegen eines **Geld- und Wertsachenvorrats**, auf die Notwendigkeit über ein **Batterie-Radio** Lagemeldungen abzuhören und einiges mehr.

Idealerweise liefert die Broschüre gleich noch eine praktische Checkliste mit, auf der jeder schnell kontrollieren kann, ob er das Nötigste besitzt oder an was noch zu denken wäre. Auch bei dieser Liste verhält es sich ähnlich, wie bei der Lebensmittel-Liste. Es handelt sich um ein **Basissortiment**, das ohnehin jetzt schon jeder haben sollte.

**Hier noch einige weitere Punkte aus der Checkliste des BBK:**

- Radio mit Batteriebetrieb oder Kurbelradio
- Reserve Batterien
- Hausapotheke
- Splitterpinzette
- Hygieneartikel, hier insbesondere Seife, Zahnbürste, Haushaltspapierrollen, Toilettenpapier, Müllbeutel und sogar gegebenenfalls eine Campingtoilette
- Kerzen, Teelichter, Feuerzeuge, Taschenlampen
- Camping- oder Spirituskocher mit Brennmaterial, Heizgelegenheit (Kamin, Heizstrahler für Gaskartuschen), Brennstoffe
- Feuerlöscher, Rauchmelder, Gartenschlauch mit Anschlüssen, Wassereimer
- Notgepäck, hier insbesondere: Kleidung, Decke, Taschenmesser, Wanderschuhe, Essgeschirr, Kopfbedeckung

\- soweit das BBK.

Wenn man richtig gut vorbereitet sein will, um auch länger durchhaltefähig sein zu können oder um gegebenenfalls anderen Hilfe leisten zu können, sollte und muss man dieses Sortiment nach und nach sinnvoll erweitern und ergänzen. Dazu gleich mehr.

# 16. Kapitel: Warum die Vorräte über die Empfehlung des BBK hinausgehen sollten

Man konnte mit Blick in die Empfehlung des Bundesamtes für Bevölkerungsschutz und Katastrophenhilfe (BBK) schon sehr gut erkennen, dass es in der Realität keine Hexerei ist, sich relativ schnell und unkompliziert und auch mit wenig Vorkenntnissen ziemlich gut auf einen möglichen Blackout vorzubereiten. Es wird kaum oder fast gar kein Spezialwissen vorausgesetzt, es geht in erster Linie also darum, sich mit dem was man sonst in der Regel auch immer benutzt, so ausreichend zu bevorraten, dass man einige Tage überleben kann. Der Begriff *autark* meint hierbei überleben können, ohne das eigene Haus verlassen zu müssen und ohne auf fremde Hilfe angewiesen zu sein.

Versucht man diese Empfehlung auf einen einprägsamen und zentralen Satz zusammenzufassen, so könnte dieser wie folgt lauten:

**„Wer stets gut genährt ist und gut ausgeruht ist, der wird den Blackout sicher überleben."**

Dieser Kernsatz ist so simpel, dass man ihn erst gerne belächeln möchte. Es ist fast zu schön um wahr zu sein. Aber es stimmt! Stelle dir doch nur mal die folgende Situation vor: Nun hätten wir also einen Stromausfall, der mehrere Tage oder gar Wochen dauern würde. Was wäre jetzt wohl das Wichtigste, was wir auf jeden Fall brauchen, nicht nur um versorgt zu sein und um unser Überleben zu sichern, sondern um uns letztendlich sogar auch wohlfühlen zu können? Was bewirkt also ein gutes Körpergefühl und körperliche Zufriedenheit? Ganz richtig: Es ist die stete Nahrungszufuhr und ein erholsamer und geruhsamer Schlaf. Mit *„Bauch voll und ausgeruht"* lässt sich in der Tat fast jede Krise nicht nur überleben, sondern erfolgreich und gelassen meistern.

Es ist nämlich sicher davon auszugehen, dass jeder von uns in einer solchen Katastrophenlage mit zahlreichen zusätzlichen Herausforderungen kämpfen muss. So müssen gewöhnliche Tätigkeiten plötzlich unter eingeschränkter Sicht durchgeführt werden. Die Verkehrsmittel werden nicht mehr zu nutzen sein und man muss also zu Fuß gehen können, um irgendwo hinzukommen. Elektrische Geräte werden nicht mehr funktionieren, sodass ganz viel per Hand und per Muskelkraft erledigt werden muss, viel mehr als gewöhnlich.

Ganz sicher wird auch die Stimmung innerhalb der Familie, aber auch außerhalb in der Gesellschaft angespannt und gereizt sein. Diese Konstellation erfordert einen höheren Einsatz an körperlicher Kraft aber auch an psychischer Leistungsfähigkeit, als wir dies normalerweise gewohnt sind. Das ist der Normalzustand in einer Katastrophe wie einem Blackout. Sich gegen dieses Phänomen zu wehren, wäre falsch, denn es führt zu keinem Ergebnis. Das Szenario ist so wie es ist. Daran können wir nichts ändern.

Was wir aber jetzt schon ändern können, ist unsere Bevorratung mit Lebensmitteln und anderen Annehmlichkeiten, die uns diese stressreiche Situation viel besser ertragen lassen.

**Wer also beim Blackout plötzlich viel mehr tragen, heben und auch laufen muss, wer daneben viel physischen Stress aushalten muss, der ist bestens beraten,**

**wenn er nicht nur die *üblichen* Vorräte zu Hause hat (s.o.) mit denen er sein Überleben gerade eben so sichert, sondern der im besten Fall schlemmen kann nach Lust und Laune. Denn der Kalorienverbrauch wird aufgrund größerer Anforderungen sogar steigen.**

Grundsätzlich sind wir Menschen dazu in der Lage, von Natur aus Großartiges zu leisten und viel auszuhalten. Wir können Krisen und Katastrophen bewältigen und haben das in der Vergangenheit auch schon etliche Male geschafft. Auch wenn nur wenige von uns bereits eine Krise, einen Krieg oder eine Katastrophe erlebt hat, so ist doch im menschlichen Gedächtnis insgesamt der Erfahrungsschatz von hunderten von Generationen abgespeichert und kann instinktiv abgerufen werden. Jeder wird also mehr oder weniger dazu in der Lage sein, Engpässe und Krisen zu überstehen. Die unbedingte Voraussetzung dafür ist aber, dass der stete Nachschub an Kalorien sichergestellt ist.

Bei der Armee beschreibt dies der sympathische Ausdruck:

**„Ohne Mampf kein Kampf".**

Und auch dieser Satz ist komplett richtig. Für die Soldaten aller Armeen bedeutet er nämlich, dass die tägliche und mehrfache Nahrungszufuhr unbedingte Voraussetzung ist für eine erfolgreiche Operationsführung. Haben die Männer und Frauen über mehrere Tage kein Essen gesehen, sinkt die Motivation rapide in den Keller und der Kampf wird verloren. Neben Entkräftigung macht sich nämlich auch psychische Mutlosigkeit breit, die eher an Aufgeben, denn an Weitermachen denken lässt.

Was wir aus diesen Beispielen lernen können ist klar. Es gibt für die Notfallbevorratung im Grunde genommen kein *zu viel*. Es gibt aber sehr wohl ein *zu wenig*. Tatsächlich sollte man für die Krise viel mehr bereithalten, als man unter normalen Umständen an Nahrungsmittel konsumieren würde.

**Man sollte auch daran denken, dass die Lieblingsgerichte, Lieblingsnachspeisen, Lieblingssüßigkeiten und Lieblingsgetränke dabei sein sollten.**

Diese schaffen zusätzliche Motivation in sonst dunklen und kalten Zeiten. Dein Körper wird es dir danken und er wird schnell vergessen, dass der Fernseher nun gerade nicht läuft, dass die Handys tot sind, dass die Heizungen aus sind und dass es rundherum relativ trostlos und traurig einhergeht. Aber wenn der Bauch voll ist und das Essen gut geschmeckt hat, dann breitet sich die Wärme von innen vom Bauchraum kommend über den gesamten Körper aus, das Herz klopft leistungsfähiger und der Mut und die Zuversicht steigen wieder.

Das Essen und die Nahrungszufuhr dienen nicht nur dazu satt zu werden und zu überleben. Auch in Friedenszeiten - die wir ja derzeit weitestgehend noch genießen dürfen - wissen wir doch wie wohltuend es sein kann, morgens nach dem Aufstehen eine warme Tasse Kaffee oder Tee zu sich zu nehmen. Wie schön es auch auf die Seele wirkt, wenn man sich zwischendurch eine warme Mahlzeit zubereitet. Und wie abenteuerlustig man sich fühlt, wenn man am Grill sein Steak oder seine Würstchen brutzeln kann. Hierbei geht es um mehr als nur um Nahrungszufuhr. Es geht hierbei um sinnliche Erlebnisse, die wir mit Augen, Nase, Ohren und Händen wahrnehmen und die wir schmecken können. Nicht umsonst sagt man ja auch *„Liebe geht durch den Magen"*. Das soll nichts anderes bedeuten, als dass ein gutes Körpergefühl sich immer davon ableitet, ob man seinen eigenen Körper gut und ausreichend versorgt oder nicht. Gefühle, Seele, Körper und Geist sind letztlich eine Einheit.

Jeder der schon einmal eine Diät gemacht hat, kennt dieses Gefühl. Man fühlt sich schlapp, müde, man bekommt Kopfschmerzen und man ist gereizt. Das ist wahrlich kein Zustand, bei dem man nun gerne noch große körperliche oder psychische Herausforderungen meistern möchte. Ein Blackout ist nicht dafür gedacht, Diäten zu machen. Das wäre wirklich der falsche Zeitraum. Hier heißt es vielmehr aus dem Vollen zu schöpfen, sich ausreichend und im Überfluss mit Eiweiß, Kohlenhydraten, Fetten, Mineralstoffen und Vitaminen so zu versorgen, sodass die Katastrophe schnellstmöglich und durch gemeinschaftliches Anpacken überwunden werden kann.

Wenn man sich ein wenig mit der Physiologie des eigenen Körpers befasst, versteht man schnell, warum unsere Körper auf die stete Nahrungszufuhr angewiesen sind. Alle Körperfunktionen, alle Organfunktionen und auch das Immunsystem funktionieren immer dann hervorragend und einwandfrei, wenn genügend Nachschub an Nährstoffen zugeführt wird. Sind wir gut versorgt, dann steigt nicht nur unsere Motivationen, sondern unsere Kraft nimmt zu, unsere Organe arbeiten besser und das Immunsystem wird gestärkt. Das Immunsystem schützt uns aber in vielfältiger Weise vor Krankheiten und Krankheitserregern, sodass wir viel länger gesund und aktiv bleiben können.

Ich bin mir sicher, dass es jetzt klar geworden ist, für was eine Bevorratung eigentlich dient. Sie dient also nicht nur dazu, eine Lücke zu schließen zwischen dem Ausfall der Lieferketten bis zur Beseitigung des Blackouts, sondern die Bevorratung schafft darüber hinaus noch viel mehr. Sie befähigt jeden Einzelnen von uns dazu, aus dem Vollen schöpfen zu können und über das normale Maß hinaus nährstoffreiche und gesunde Nahrung zum Erhalt der körperlichen und geistigen Funktionsfähigkeit zuführen zu können.

**Wer sich so verhält und wer diese Denkweise für sich adaptiert, dem kann es passieren, dass er in der Tat sogar gestärkt aus einer Krise hervorgeht. Sowas soll es ja schließlich auch geben.**

Schwierige Ereignisse wie ein Blackout müssen einen nicht automatisch in die Knie zwingen. Sie können auch genau das Gegenteil bewirken. Sie können einen stärker und robuster machen und das Bewusstsein schärfen, dass man viel mehr zu leisten imstande ist, als man eigentlich gedacht hat. Die Basis und die unbedingte Voraussetzung ist dabei - und man kann es gar nicht oft genug sagen - eine überschüssige und umfassende Bevorratung vor allem an Lebensmitteln.

Denke auch an Dinge, die einfach mal gut tun, wie ausreichende Vorräte von dem Lieblingskaffee und dem Lieblingstee anzulegen und an die vielen Kleinigkeiten zu denken, die die Laune zwischendurch immer wieder aufmuntern. Das können Schokolade, Haribo, Trockenfleisch, gezuckerte Dosenmilch und dergleichen mehr sein. Wenn sonst schon nichts funktioniert, dann soll man sich doch wenigstens das Essen so genüsslich wie möglich machen und es sich gut gehen lassen.

# 17. Kapitel: Konkrete Tipps zur Vorratshaltung

Nun kommt bei so viel Bevorratung immer wieder der Hinweis, man müsse auf die Mindesthaltbarkeit achten und sich spezielle Aufkleber auf die Lebensmittel draufkleben oder Listen anfertigen. Nein, nein. So kompliziert ist das wirklich nicht und man soll auch keine Wissenschaft daraus machen. Zunächst ist es ja so, dass ein Mindesthaltbarkeitsdatum (MHD) aussagt, dass das Lebensmittel nicht maximal, sondern mindestens bis zu diesem Datum auf jeden Fall garantiert haltbar sein wird. In aller Regel sind Lebensmittel aber teilweise weit über dieses Mindesthaltbarkeitsdatum hinaus ohne Probleme verzehrbar.

Es gibt leicht verderbliche Lebensmittel in Form von Fisch, Fleisch und Rohmilch. Alle diese leicht verderblichen Mittel sollten in der Regel ungekühlt nicht länger als einen Tag aufgehoben werden und gleich verzehrt werden. Alle Lebensmittel, die in irgendeiner Art und Weise dehydriert sind, getrocknet sind oder durch andere Methoden haltbar gemacht wurden (luftdicht verpackt / Dosen oder fest verschlossene Gläser), haben eben dieses Mindesthaltbarkeitsdatum aufgedruckt.

Es sollte in einer Vorratskammer oder einem Kellerabteil ein oder mehrere stabile Regale geben, die für die Lebensmittelbevorratung gedacht sind. Hier werden alle haltbar gemachten Lebensmittel aus dem Supermarkt und alles Zusätzliche aufbewahrt und nicht etwa so lange aufgehoben, bis ein Blackout oder eine andere Katastrophe geschieht. **Vielmehr werden die Produkte nach und nach im täglichen Alltag**

**mit verbraucht.** Sicherlich gibt es auch im Alltag die ein oder andere Situation, wo man mal den Einkauf verpasst hat oder aus anderen Gründen nicht dazukommt, seien es Krankheit, Termine oder man hat einfach mal keine Lust auf Einkaufen. So kann man sehr schön aus diesem Vorrat schöpfen.

Haben die Regale nun hier und da ein paar Lücken bekommen, so notiert man sich den Fehlbestand einfach auf seinem Einkaufszettel und bringt die Ergänzungen beim nächsten Einkauf einfach wieder mit und stellt sie wieder ins Regal.

**Aufgepasst: Die neu eingekauften Lebensmittel mit dem längeren Mindesthaltbarkeitsdatum kommen jetzt nach hinten ins Regal und die etwas älteren Lebensmittel mit dem kürzeren Mindesthaltbarkeitsdatum rücken weiter nach vorne, sodass diese im täglichen Alltag als nächstes verbraucht werden können.**

Das verhält sich so ähnlich wie bei der Gestaltung im Supermarkt. Auch hier sind alle Regale prall gefüllt und Ware wird täglich verkauft. Über Nacht werden die Regale wieder gefüllt wobei die neu eingekaufte Ware nach hinten in die Regale wandert und die etwas ältere Ware vorne steht, damit sie als nächstes verkauft wird. Das ist ein ganz einfaches Prinzip und dieses kann man auch sehr gut zu Hause kopieren.

Nichts anderes haben früher unsere Großeltern und Urgroßeltern gemacht in der guten alten Vorratskammer. Nicht zuletzt wussten alle diese Leute damals, wie man sich richtig verhält, weil sie selber Kriege und Katastrophen am eigenen Leib erfahren haben. Der ein oder andere kennt noch diese älteren Herrschaften, insbesondere die lieben Omis, die alles Mögliche in Gläsern eingekocht und sorgsam in ihrem Vorratsraum fein säuberlich in Regale eingeordnet haben. Das sah auch so ein bisschen aus wie im Supermarkt oder sagen wir zumindest in einem *Tante Emma Laden.* Nichts anderes soll auch deine Vorratskammer bieten können.

### Haltbarkeit vor dem Verzehr testen

Im Übrigen gibt es noch einen ganz einfachen Trick, wie man die Haltbarkeit von Lebensmitteln auf ganz normale und natürliche Weise überprüfen kann. Sollte es also wirklich mal vorkommen, dass ein Lebensmittel (nicht schnell verderbliche Ware, sondern haltbar gemachte Lebensmittel!) nicht mehr über ein gültiges Mindesthaltbarkeitsdatum verfügt, dann empfiehlt es sich zunächst mal abzuschätzen, wie lange das Mindesthaltbarkeitsdatum überschritten wurde.

Nehmen wir zum Beispiel eine Packung Hartkekse. Die sind ja ohnehin ziemlich lange haltbar. Ist hier nun das Mindesthaltbarkeitsdatum um ein paar Monate überschritten worden und war die Verpackung aber weiterhin luftdicht verschlossen, so würde ich nach dem Öffnen der Verpackung zunächst mal eine Geruchsprobe nehmen, dann würde ich ein kleines Stückchen kosten und ich würde auch mit meinen anderen Sinn darauf achten, ob es irgendwelche sichtbaren oder fühlbaren Veränderungen gibt. Das sind unsere normalen Sinne, die hier zum Einsatz kommen und die haben sich über tausende von Jahren erfolgreich bewährt.

Wenn dieser Hartkeks also so schmeckt und riecht wie er schmecken und riechen soll und nichts Auffälliges daran ist, dann wird er in nahezu allen Fällen auch genießbar sein. So würde ich es bei den meisten Lebensmitteln machen.

### Allerdings unter einer Prämisse:

Wenn ich mir nicht ganz sicher bin, würde ich mich für das Ausschlussverfahren entscheiden. Ich habe Zweifel? Das Lebensmittel wandert in den Müll (oder Kompost). Nur wenn ich mir mit Hilfe meiner Sinne sicher bin, dass alles in Ordnung ist und ich ein gutes Gefühl habe, dann würde ich abgelaufene Ware dementsprechend ohne Probleme auch essen.

Bei allen tierischen Produkten und leicht verderblicher Ware ist wie gesagt hohe Vorsicht angemeldet, weil sich insbesondere in diesen Produkten für den Menschen gesundheitsschädigende Krankheitserreger viel schneller bilden können, als in anderen Lebensmitteln. Milch wird sauer, fängt an zu stinken und schmeckt widerlich, wenn sie schlecht geworden ist. Sobald frisches Fleisch einen unangenehmen Geruch hat, fliegt es weg. Survivalprofi Rüdiger Nehberg hat empfohlen, Fleisch immer zu grillen / zu kochen, um im Zweifel gefährliche Trichine abzutöten.

Stark gezuckerte Marmelade oder die schon angesprochenen Hartkekse hingegen bilden wenig Gefährdungspotential für die Gesundheit, selbst wenn sie schon länger abgelaufen sein sollten.

### Rotierendes System in der Vorratshaltung

Wer allerdings gut haushaltet und Waren rechtzeitig verbraucht (s.o.), der wird auf dieses Verfahren ohnehin nicht angewiesen sein. Im Gegensatz zu der meist geläufigen Vorstellung eines dauerhaften Depots, das nicht angerührt wird, liegt die Empfehlung dieses Buches ganz klar bei einem **rotierenden System**, bei dem ein Vorratslager eingerichtet wird, aus dem sich aber ständig bedient wird und das auch ständig wieder ergänzt wird. Das hat wie gesagt den entscheidenden Vorteil, dass alles ständig auf dem neuesten Stand bleibt und dass man sich auch hin und wieder mit seinem Vorratslager auseinandersetzt und dass es so nicht in Vergessenheit gerät.

# 18. Kapitel: Gesunder und erholsamer Schlaf

Das weitere Kernelement neben der überschüssigen Bevorratung mit Lebensmitteln, ist die Möglichkeit guten und erholsamen Schlaf finden zu können. Auch hier wird schnell klar, warum dies eine unbedingte Voraussetzung ist. Schlaf ist genauso wie Nahrungszufuhr lebensnotwendig. Sicherlich hat jeder schon mal die die Erfahrung eines Schlafentzugs gemacht. Nach spätestens 30 Stunden wach sein am Stück  kommt es bei allen Menschen zu Schlaf-Entzugserscheinungen.

Zunächst mal fühlt es sich einfach ziemlich mies an, wenn man schlafen möchte, aber man kann dies nicht aufgrund einer bestimmten Lage. Man kämpft ständig gegen sich schließende Augenlider an, die sich am Ende dennoch schließen. Man denkt man ist wach, aber in Wirklichkeit hat man die Augen schon geschlossen und schläft bereits halb.

*Eine kleine Lektion aus meinen Erfahrungen bei den Spezialkräften: Während verschiedener infanteristischer Übungen wurden wir mit diesem Schlafentzug hart konfrontiert. Obwohl wir bereits mehrere Tage nicht mehr anständig geschlafen hatten, mussten wir dennoch mit schwerem Gepäck durch dichte Wälder marschieren. Wir waren alle total übernächtigt. Ich weiß noch, wie ich während des Laufens halluzinierte und mitten im Wald Zirkuslichter entdeckte, wo keine waren. Ich marschierte automatisch weiter. Obwohl ich halb schlief, lief ich dennoch weiter, einfach nur dem Vordermann folgend und nicht mehr wissend, wohin es eigentlich ging. Während kurzen Stopps von fünf Minuten schliefen wir alle sehr kurz und sehr tief ein, bevor wir vom Nebenmann wach gemacht wurden und es weiter ging. Die Ausbilder wollten, dass wir bis an die Grenzen unserer Belastung geführt werden, was ihnen bestens gelungen war.*

In solch einer Situation können Unfälle passieren, die sonst nicht passieren würden. Sehr viele Autounfälle sind auf diesen Kurzschlaf zurückzuführen. Aber auch in der Industrie und im Haushalt können solche Unfälle wegen Übernächtigung auftreten. Das einzige Mittel dagegen ist ausreichend und geruhsam zu schlafen. Somit muss eine Gelegenheit geschaffen werden, auch bei einem Blackout oder einer vergleichbaren anderen Katastrophe wie gewohnt etwa acht Stunden Schlaf finden zu können. Im Übrigen gibt es ja sowieso nicht mehr so viel Ablenkung, die uns daran hindern könnte, diesen Schwerpunkt zu suchen. Wer frisch erholt und ausgeruht aus dem Bett steigt und sich dann noch von einem prall gefüllten Lebensmittelvorrat bedienen kann, der wird auch alle anderen Herausforderung des Blackouts bewältigen können. Klingt simpel und ist es auch. Richtig preppen muss also gar nicht kompliziert und schwer sein.

Auch Aufputschmittel wie Kaffee oder Red Bull helfen lediglich kurze Phasen der Müdigkeit zu überbrücken. Mein Tipp lautet daher: Nichts geht über ausreichenden Schlaf, um seine vollen Kräfte wieder zu erlangen. Vor allem in einer Krise gilt es täglich bei klaren Gedanken und bei voller Leistungsstärke zu sein. Es gilt also unbedingt ausreichend zu schlafen.

Gehen wir nun davon aus, dass vor allen Dingen im Winter die Wohnungen über Nacht deutlich auskühlen. Wenn der Blackout längere Zeit anhält und der Winter unangenehm hart wird, dann können die Temperaturen auch die Nullgradgrenze erreichen. Mit der gewohnten Bettwäsche wird es nur schwierig möglich sein, einen geruhsamen und ununterbrochenen Schlaf finden zu können. Aber es gibt eine sehr praktische Abhilfe: Schlafsäcke!

### Schlafsäcke anschaffen

Schaffe für die gesamte Familie Schlafsäcke an. Diese kann man ohnehin auch für Survival-, Camping- oder Outdoor-Aktivitäten gebrauchen und einmal angeschafft kann man sie fast ein Leben lang benutzen. Schlafsäcke können in der Tat Leben retten. Sinkt die Temperatur nämlich weiter unter 0 Grad Celsius, so wird nicht nur der Schlaf schwierig oder unmöglich werden, sondern es droht auch der Erfrierungstod. Mit Schlafsack ist so etwas im Grunde genommen kaum noch möglich. Das ist ein wirklich einfaches und praktisches Utensil, das in Krisenzeiten sehr hilfreich sein wird.

Müssen aufgrund einer besonderen Lage wie Bränden oder Angriffen durch kriminelle Banden das Haus oder die eigene Wohnung verlassen werden, so dienen diese Schlafsäcke an einem anderen Ort oder in der freien Natur ebenfalls zum erfolgreichen übernachten.

Der Mumienschlafsack lässt sich bis über den Kopf zu ziehen und schafft so durch die eigene Körperwärme ein angenehm warmes Klima, das die ganze Nacht über erhalten bleibt. Es sind dann keine weiteren Maßnahmen wie das Aufstellen einer Gasheizung oder das Betreiben eines Kamins notwendig. Dies kann auch dazu dienen, um weitere Energie zu sparen, die tagsüber besser gebraucht werden kann. Du wirst angenehm durchschlafen und ein Schlafsack ist ja auch mal eine abenteuerliche Abwechslung, bei der man sich an frühere Camping-Erlebnisse gerne erinnern kann. Insofern ist dieser Gegenstand bei den meisten Leuten sowieso mit positiven Erinnerungen bestückt: *Wir machen Camping zu Hause.* Das trifft es ganz gut.

### Einkaufstipp für den richtigen Schlafsack

Bei der Anschaffung der Schlafsäcke gebe ich dir hier noch einen wertvollen Tipp mit auf den Weg: Es gibt Schlafsäcke in verschiedenen Größen sowie für Kinder und für Erwachsene. Vergiss die sämtlichen Größen. Besorge für dich und für alle Familienmitglieder **die allergrößte Schlafsackgröße**. Der Grund ist ganz einfach. Wenn der Schlafsack eben gerade passt, dann ist er aber doch zu eng, wenn man sich nachts umdreht und irgendwo zwickt und klemmt es dann. Ist er in der maximalen Größe vorhanden, so passiert dies bei normal großen Menschen nicht. Man hat also ausreichend Platz, um sich nachts hin und her zu drehen und bekommt überhaupt nicht mit, dass man in einem Schlafsack liegt.

Für Kinder gilt genau dasselbe. Sie freuen sich sogar über das zusätzliche Platzangebot und können Bücher oder Lieblingsspielzeug mit in den Schlafsack nehmen und können eine lustige Phantasiereise machen und sich so von der angespannten Katastrophensituation gelungen ablenken. Außerdem werden Kinder ja auch mal größer und so passt der Schlafsack auf jeden Fall zu jedem Zeitpunkt auch weiterhin. Die Schlafsäcke können mit Hüllen bequem irgendwo im Kleiderschrank oder in einem trockenen Kellerraum dauerhaft gelagert werden. Wenn sie benötigt werden, holt man sie raus und los geht´s.

(Einzige Ausnahme sind natürlich Babys. Für diese gibt es die speziellen Baby-Schlafsäcke zum Anziehen, in denen sie sich nicht verheddern können).

# 19. Kapitel: Essen, Trinken und Schlaf in Hinblick auf die Adaptionsfähigkeit

Essen, Trinken und Schlafen dienen nicht nur dem Überleben, sondern sie sind vor allen Dingen regenerative Maßnahmen. Unser Körper ist ein ausgeklügeltes und über Millionen von Jahren entstandenes System, das sich nahezu von alleine immer wieder repariert. So werden Krankheiten vermieden oder abgewehrt, kleinere Schäden wie Kratzer oder Wunden heilen von alleine wieder aus, ständig werden alte Zellen abgesondert und neue werden gebildet und es findet der Prozess der Adaption statt.

**Unser Körper ist also ein sich selbstreparierendes System.**

Der Prozess der Adaption meint, dass unser Körper aber über diese Selbstregulation sogar noch hinausgehen kann, indem er sich über einen mittleren Zeitraum äußeren Gegebenheiten sogar anpasst. Dies kennen wir aus dem Bereich des Sports. Wenn man nur lange genug für eine bestimmte Sportart trainiert, dann werden die Leistungen bei jedem Menschen nach und nach besser. Das hat mit Adaption zu tun.

Dies bedeutet, dass der Körper lernt mit einer äußeren Herausforderung umzugehen, indem er sich ihr anpasst. Wer also beispielsweise Gewichtheben trainiert, der wird nach und nach immer stärker werden. Wer Ausdauersport trainiert, der wird nach und nach immer ausdauernder werden und wer

Denksport trainiert (z.B. Schach), dessen Denkfähigkeit wird nach und nach immer besser werden. Dies ist die Adaption. Jeder Mensch verfügt über diese Fähigkeiten.

Umgekehrt heißt dies aber auch: Wer seine Fähigkeiten permanent brachliegen lässt und nichts trainiert, der passt sich an lasche äußere Umstände an, die ohne Widerstände auskommen. Diese Person wird also kein starker Gewichtheber, kein ausdauernder Läufer oder Schwimmer und ebenfalls kein guter Denker. Das wäre die Negativspirale der Adaption.

Es liegt auf der Hand, dass bei jeder Katastrophe, so auch bei einem Blackout, Menschen auf verschiedenste Weise plötzlich und schlagartig gefordert und beansprucht werden. So werden die körperliche, die geistige sowie die seelische Beanspruchung steigen oder sogar stark steigen. Adaption benötigt immer etwas mehr Vorlauf. Sie ist nicht innerhalb weniger Tage zu erreichen. Wir kennen das beispielsweise aus dem Bereich des Kraftsports, wo die Athleten Monate oder Jahre regelmäßig trainieren, um ihren Body stückweise Schritt für Schritt weiter zu kräftigen und zu formen. Zumindest aber trainieren sie regelmäßig, um ihren Körper in Form zu halten und einen Abbau der Muskelmasse damit erfolgreich zu verhindern.

Der ein oder andere dürfte daher auch den in der Bodybuilder-Szene bekannten Spruch *"No Pain, no Gain"* kennen. Er bedeutet so viel wie: Wenn du nicht gut trainierst und wenn es nicht auch mal ein bisschen weh tut, dann wirst du das Ziel nicht erreichen und es wird keine Veränderung geben. Du bleibst dann so wie du bist.

**Wer aber beschließt so zu bleiben wie er ist, für den stehen die Karten in einer Katastrophe nicht besonders gut. Du musst dich anpassen.**

Nichts anderes beschreibt auch die Evolutionstheorie nach Charles Darwin, die mit dem Motto: ***„Survival of the fittest"*** daherkommt. Dieser Slogan wird oft falsch übersetzt. Er bedeutet nicht etwa, dass der Stärkere am besten überlebt. **Er bedeutet, dass der überlebt, der am besten an seine Umwelt *angepasst* ist.** Stärke ist dabei nur ein Kriterium neben vielen weiteren Kriterien wie Schnelligkeit, Geschicktheit, Klugheit, Erfindungsreichtum und so weiter.

## Adaption benötigt Nährstoffe

Damit der Körper aber diese automatische Adaption voll ausspielen kann, benötigt er von dir auch etwas. Dein Körper benötigt ausreichend Flüssigkeit in Form von frischem Wasser und ausreichende Zufuhr an Nährstoffen. Und dies täglich in ausreichender oder sogar etwas überschüssiger Anzahl und Menge. Über gesunde Ernährung gibt es tausende, wenn nicht Millionen von Ratgebern und Ratschlägen.

### Eiweiß

Vom Grundsatz her dürften sich aber alle Experten in einigen Dingen hierbei einig sein: Da alle Körperzellen durch Eiweißverbindungen hergestellt werden, bildet Eiweiß sozusagen den Baustein allen Lebens. Um deinen Körper also bestmöglich zu unterstützen, solltest du ihm ausreichend Eiweiß und dies am besten in verschiedenen Formen zur Verfügung stellen (tierisch, pflanzlich gemischt).

**Hilfreich sind hier die Nährstofftabellen, die mittlerweile auf fast allen Lebensmittel-Verpackungen abgedruckt sind.**

Eiweiß stärkt nachweislich das Immunsystem, fördert den Muskelaufbau und die Gehirntätigkeit.

## Kohlenhydrate

Kohlenhydrate wiederum sind der Brennstoff der Zellen. Diese Energie wird vor allen Dingen durch Muskeltätigkeit, aber auch durch Denkfähigkeit verbraucht. Isst ein Mensch zu wenig Kohlenhydrate, dann kann er sein wahres Potential auch nicht voll abrufen, vergleichbar mit einem Akku der ein hohes Fassungsvermögen hat, aber der nicht voll aufgeladen wurde.

Auch bei der Aufnahme der Kohlenhydrate solltest du auf eine gute Durchmischung verschiedener Quellen achten. Durch die Insulinausschüttung haben Kohlenhydrate aber die weitere Funktion, alle anderen Nährstoffe gezielt an ihre Position im Körper zu befördern, um es vereinfacht auszudrücken. Kohlenhydrate wirken also anregend auf den Stoffwechsel. Wir merken diesen Effekt immer dann, wenn wir Süßigkeiten essen, wie zum Beispiel ein Stück Schokolade. Dann spüren wir, wie dieser Zucker sofort ins Blut übergeht und sich sogar unsere Körpertemperatur leicht erhöht (uns wird es wärmer) und wie die Motivation steigt. Auch das Denken kann nun besser funktionieren.

## Fette

Kommen wir zu den Fetten. Anders, als viele Diätratgeber es nahelegen, ist Fett viel besser und wichtiger als sein Ruf es vermuten lässt. So wie alle anderen Nährstoffe muss auch Fett zugeführt werden, um den körpereigenen Stoffwechsel zu unterstützen. Insbesondere das Gehirn besteht zu einem sehr großen Teil aus Fettzellen. Ein übertriebener Verzicht auf Fett dient nicht der Gesundheit. Umgekehrt ist aber darauf zu achten, gesunde Fette zu konsumieren. Denken bitte auch an ungesättigte Fettsäuren (Omega 3, Omega 6 und andere). Hochwertige Fette haben einen erheblichen Einfluss auf die Gesundheit und auf das Wohlbefinden.

Bei all diesen Ratschlägen wird sich der eine oder andere Fragen, ob hier eine Gewichtszunahme nicht vorprogrammiert sein wird. Nun hierzu ist folgendes zu sagen: Selbst wenn der Körper möglicherweise ein Zuviel (Überschuss) an Kalorien durch die Nahrungszufuhr erhält, so ist dies an sich nur von Vorteil. Der Körper kann also aus dem Vollen schöpfen und sich vollends regenerieren. Insbesondere nach anstrengenden Tätigkeiten ist es daher empfehlenswert, direkt danach den Körper mit ausreichenden Nährstoffen zu fluten. Jeder Profi-Sportler weiß dies und handelt danach. Nach einer anstrengenden Trainingseinheit, die möglicherweise über mehrere Stunden ging, wird dem Körper sofort alles zur Verfügung gestellt, was er für die Regeneration benötigt. So ergibt sich ein harmonisches *Wechselspiel zwischen Anstrengung und Regeneration*, also zwischen Verbrauch und erneuter Bereitstellung von Kalorien. Niemand muss also Sorge haben, dass er über die Gebühr zu nehmen wird, wenn parallel ausreichend Sport getrieben wird oder sich anderweitig intensiv betätigt wird.

## Fettmasse oder Muskelmasse?

Dazu ist aber noch etwas zu ergänzen: Gewichtszunahme kann nämlich zweierlei bedeuten. Zunahme an Fettmasse oder Zunahme an Muskelmasse. Wer nur wahllos in sich hinein schlingt, ohne sich dabei zu bewegen, der wird ausschließlich Fettmasse anlegen, um die nicht verbrauchten Kalorien für die nächste „Eiszeit" aufzusparen. In der Tat ist es wirklich so, dass unsere Vorfahren in den guten Zeiten gefuttert haben was verfügbar war, um sich für die schlechten Zeiten zu wappnen. Drohte dann also ein harter Winter, konnte man schon deshalb überleben, weil man sich ein ausreichendes Fettpolster angefuttert hatte. Der Körper hat also von den körpereigenen Reserven profitiert.

Wer sich umgekehrt ausreichend und gut ernährt und dabei auch mal ein bisschen über die Stränge schlägt, wer aber gleichzeitig regelmäßig Sportübungen macht in Form von Kraft- oder Ausdauersport, der wird nicht an Fettmasse zulegen, sondern **dessen Muskeln werden nach und nach wachsen und dessen Sehnen, Bänder und Knorpel werden sich festigen.** Da Muskelmasse schwerer ist als Fettmasse kann es sogar sein, dass ein augenscheinlich schlanker Mensch genauso schwer oder sogar schwerer ist, als ein ganz offensichtlich dickleibiger Mensch. Es spricht also nichts gegen ein überdurchschnittliches Gewicht, wenn dieses Gewicht aus Muskeln gebildet wird. Dagegen ist nichts einzuwenden.

Du hast also selber die Wahl und kannst jeden Tag frei entscheiden wohin die Reise gehen soll. Du darfst dich üppig, vielfältig und gesund ernähren und du darfst dabei regelmäßig Sport treiben. Und seien das auch nur regelmäßige **Spaziergänge** oder **Walking-Ausflüge**, der regelmäßige **Besuch im Schwimmbad** oder eine Kombination aus allen diesen Tätigkeiten. Du darfst **Kraftsport** betreiben, **klettern**, **wandern**, **rudern** und so weiter und du wirst sehen, dass deine Fitness, deine körperliche Stabilität und deine Gesundheit immer weiter zunehmen werden.

Solltest du trotz aller Fitness, die du nach ein paar Monaten aufgebaut hast, trotzdem das ein oder andere Fettröllchen verspüren, so ist auch das nicht schlimm. Denke einfach noch mal an das eben genannte Beispiel unserer Steinzeitvorfahren zurück: Von diesen zusätzlichen, kleinen Fettreserven um die Hüften kannst du in der Realität tatsächlich profitieren, wenn es dazu kommen sollte, dass das Essen knapp wird oder komplett ausfällt. Man könnte diesbezüglich sozusagen von einer kleinen Zusatzversicherung sprechen, die wirklich nicht schadet. Richtige Survival-Experten wissen das und verhalten sich dementsprechend. Keiner von denen ist spindeldürre.

Du siehst also, im Grunde genommen ist es ganz einfach, seine Ernährung und seine Sportgewohnheiten so aufeinander abzustimmen, dass man einerseits ernährungsmäßig kaum auf etwas verzichten muss und andererseits dennoch von einer bomben Gesundheit und Fitness profitieren kann. Es ist wirklich einfacher als viele Diätpäpste es uns glauben machen wollen. Wir müssen nur auf unser Bauchgefühl und auf unsere Instinkte vertrauen, um das Richtige zu tun.

## Schlaf und Adaption

Der ausreichende und gesunde Schlaf ergänzt dieses Portfolio. Der Schlaf ist ein automatisches Reparaturprogramm, indem der Körper viele ganz wichtige und zum größten Teil noch unerforschte Tätigkeiten ausführt, die uns dazu bringen, dass wir immer wieder erholt und frisch an den Start gehen können. Tag für Tag, Woche für Woche, Monat für Monat. Im Übrigen ist es dabei nicht entscheidend, acht Stunden am Stück zu schlafen, sondern vielmehr insgesamt auf acht Stunden zu kommen.

Berühmte Persönlichkeiten wie der Fußballspieler Cristiano Ronaldo schlafen häppchenweise. Ronaldo unterteilt seinen Schlaf in 5 mal 90 Minuten. Er schläft also nur anderthalb Stunden am Stück, danach kommen Training, Essen, Trinken, was auch immer und dann kommt die nächste Schlafphase von 90 Minuten. Insgesamt kommt er ebenfalls auf knapp acht Stunden.

Aber was ist der Unterschied? Nun jeder von uns kennt ja das Gefühl, dass man sich nach dem Wachwerden fühlt wie neu geboren. Wie wäre es also, dieses Gefühl nicht nur einmal am Tag zu haben, sondern fünfmal? Gut, oder?

Dies wird auch bestätigt durch wissenschaftliche Untersuchungen, welche die Leistungsfähigkeit von Menschen beschreiben. So ist die Leistungsfähigkeit nach dem Aufstehen am höchsten und sinkt dann nach und nach ab, bis sie kurz vor dem Schlafengehen am niedrigsten ist. Jetzt wird der Ronaldo-Trick klar: Ronaldo verfügt also fünfmal am Tag über die höchste Leistungskurve. Bevor seine Leistungskurve absinkt, begibt er sich erneut zur Ruhe und tankt sofort neue Energie.

## Die Kurzschlafmethode

Auch wenn nicht jeder dieses System sofort für sich umsetzen kann, so dient es doch als sinnvolle Anregungen insbesondere auch im Hinblick auf Krisenzeiten, wo es möglicherweise gar nicht ohne weiteres geht, das man acht Stunden durchschlafen kann. Denken wir nur beispielsweise an Feuerwehrleute, Rettungssanitäter oder Soldaten im Kriegseinsatz. Diese Personen müssen in kritischer Lage jede Möglichkeit nutzen, um sich zwischendurch auszuruhen. Sie haben keine festen Schlafzeiten sondern nutzen ebenso gut 30 Minuten Pausen zum Sofortschlaf, um danach blitzschnell wieder auf Aktivität umzuschalten. Im Übrigen können wir dieses Schlafverhalten auch bei unseren Haustieren live beobachten: Hunde und Katzen schlafen ja auch nicht acht Stunden am Stück, sondern sie fressen, spielen und halten dann zwischendurch immer wieder ein kleines Nickerchen. Na, kommt dir das bekannt vor?

Ernährung, Adaptionsfähigkeit, Regenerationsfähigkeit, Gesundheit und Fitness stehen also in einem unauflöslich Zusammenhang und sollten auch als eine Einheit betrachtet werden. Wer heute damit anfängt diese Details in seinen Alltag zu integrieren, der wird schon nach wenigen Wochen einen deutlichen Unterschied an sich selber feststellen. Wer sich permanent so vorbereitet, der wird auch von einer Krise wie einem Blackout nicht mehr wie von einem Vorschlaghammer getroffen werden, sondern kann cool und gelassen bleiben.

# 20. Kapitel: Fitness und Gesundheit

Warum ist Fitness so wichtig? Nun, althergebracht herrscht das Bild vor, dass Fitness etwas mit Lifestyle zu tun hat und damit gut auszusehen oder angesagt zu sein. Ein kleiner Blick auf die sogenannten sozialen Plattformen wie Instagram oder Facebook reicht schon, um das bestätigt zu bekommen. In der Vorbereitung auf einen bevorstehenden Blackout ist dieses Bild wenig hilfreich.

Fitness wird hierrüber ganz anders definiert. **In einer Krise oder in einer Katastrophe werden wir ganz sicher und unausweichlich mit Dingen konfrontiert werden, die außerhalb unserer Komfortzone stattfinden.** Wir werden viel öfter schwere Gegenstände von A nach B transportieren müssen und zwar zu Fuß, per Rucksack oder per Sackkarre. Wir werden mit dem Fahrrad unterwegs sein, viel mehr als uns lieb sein wird, wir werden mit den eigenen Händen Dinge reparieren und instand setzen müssen, wir werden Holz hacken oder sägen, um ausreichend Brennholz zu haben oder wenn es hart auf hart kommt, werden wir uns im Wald mit eigener Kraft Unterkünfte bauen, die uns und unsere Liebsten schützen. Schützen müssen wir uns aber gegebenenfalls auch gegen die Angriffe von Kriminellen und dass es dazu körperlicher Fitness bedarf, ist eine Binsenweisheit.

**Fitness bedeutet demzufolge, den Körper so weit zu trainieren und vorzubereiten, dass er stark, ausdauernd, widerstandsfähig und robust wird.**

Im Grunde genommen ist jede körperliche Betätigung für diese Vorbereitung hilfreich. Sie sollte aber zielstrebig und durchdacht erfolgen. Im besten Fall plant man sich jeden Tag mindestens eine Stunde dafür ein, sich körperlich zu betätigen. Das muss überhaupt kein extremes Training sein, bei dem man von seinem Ehrgeiz getragen wird. Zu viel Ehrgeiz ist sogar fehl am Platz. Viel wichtiger ist es, die Regelmäßigkeit einzuhalten und sich nach und nach zu steigern. Das erfordert vor allen Dingen Geduld und Disziplin.

Wer also jeden Tag einen Spaziergang macht, jeden Tag eine Joggingrunde dreht, jeden Tag im Schwimmbad seine Bahnen dreht, klettert, wandert oder im Fitnessraum die Gewichte stemmt und das ganze einfach als Hobby und als Freizeitbeschäftigung ansieht, der macht schon alles richtig. Eine körperliche Adaption benötigt vor allen Dingen Disziplin und Geduld. Die Veränderung wird nicht direkt am nächsten Tag sichtbar sein, sondern es braucht schon einige Wochen, bis die ersten Unterschiede sichtbar und spürbar werden. Und wenn das tägliche Training dann zur Gewohnheit geworden ist, lernt man zudem noch Gleichgesinnte kennen, die einen an den Tagen motivieren, an denen man vom inneren Schweinehund davon abgehalten wird, das Richtige zu tun. Eine gute Community ist auch deshalb hilfreich, weil man sich gegenseitig immer wieder am Schopfe packen kann und gemeinsam mehr in kürzerer Zeit erreicht als alleine.

Wie schon angedeutet wurde, kommt diese Fitness-Empfehlung notfalls auch vollständig ohne Vereinszugehörigkeit oder Muckibude aus. Für Laufen, Wandern, Schwimmen, Walken, Radfahren oder Bodyweight-Training, bedarf es kaum spezieller Ausrüstung und nur eines minimalen Budgets, um sofort loslegen zu können. So verfügt nahezu jeder

Mensch über einen Platz, an dem er eben Liegestütze oder Sit-up durchführen kann.

**Allein tägliche Liegestütze und Sit-ups führen ganz ohne Fitnessstudio zu einem rasanten und stabilen Muskelaufbau, der sich sehen lassen kann.**

Wer zudem noch in eine Klimmzugstange investiert, kann jeden Tag Klimmzüge üben. Im Grunde genommen sind das die Basisübungen, mit denen jeder sofort von zu Hause aus beginnen kann. Die Ergebnisse werden Kräftigung und Ausdauer sein, sowie - wenn das Training längere Zeit durchgeführt wird - eine stete Stärkung von Knorpeln, Sehnen und Bändern.

Auf YouTube findet man schnell Vorher-Nachher-Betrachtungen von Menschen, die irgendwann einmal in ihrem Leben den Entschluss getroffen haben, sich verändern zu wollen. Anfangen tun sie wie du und ich. Jeder mit der ersten Liegestütze, jeder mit den ersten paar Minuten Dauerlauf. Doch über Wochen und Monate tritt eine Steigerung ein, die teilweise atemberaubend sein kann. Wer will, kann sich solche Beispiele zur Motivation mal anschauen, um zu sehen was möglich ist. So werden vormals völlig übergewichtige Personen nachher zu schlanken Athleten und untergewichtige und schmächtige Personen werden zu wahren Bodybuildern. Man nennt diesen Vorgang auch *Body Transformation.* Es ist tatsächlich möglich, durch eisernes Trainieren und die richtige Zufuhr von Nahrung, ausreichend Schlaf und einen gesunden Lebenswandel, seinen Körper in (fast) jedwede gewünschte Form zu transformieren.

## Warum Fitness beim Blackout hilfreich ist

Doch was hat dies alles nun mit dem bevorstehenden Blackout zu tun? Anknüpfend an die Einleitung aus diesem Kapitel ist es einfach so, dass wir es demnächst schlagartig mit einem riesigen Zuwachs an körperlichen Aufgaben zu tun haben werden. Wär jetzt also bereits anfängt sich und seinen Körper zu *trimmen* und zu *tunen*, der wird es nachher viel leichter haben, allen Anforderungen standhalten zu können. **Katastrophen sind kein Kindergeburtstag**. Es wird in aller Regel um existenzielle Aufgaben gehen, die wir bewältigen müssen, um auch den nächsten Tag noch erleben zu können.

Um ein ganz aktuelles Beispiel hierzu zu zitieren: Jeder kennt dieser Tage die Bilder aus dem Fernsehen von flüchtenden Menschen in der Ukraine. Ganz normale Menschen versuchen mit Sack und Pack ihre Heimat zu verlassen und in ein Gebiet zu kommen, indem sie sicher überleben können und in dem keine unmittelbare lebensbedrohliche Gefahr herrscht. Dabei schultern sie Gepäckstücke und haben teilweise noch die Kinder auf dem Arm oder den Hund an der Leine.

Die Flüchtlinge sind aufgrund der Lage ganz häufig zu Fuß unterwegs und müssen selbst bei schlechten Witterungsbedingungen wie Regen und Kälte alles bewältigen. Was glaubst du wohl, wer hier die besseren Karten hat, sein Ziel auch wirklich unbeschadet zu erreichen? Der, welcher in seinem ganzen Leben vorher niemals etwas mit Fitnesstraining zu tun hatte oder etwa der, welcher kontinuierlich seit Jahren jeden Tag eine oder mehr Stunden Kraft- oder Ausdauersport getrieben hat? Ich denke die Frage dürfte sehr schnell zu beantworten sein.

Solch ein Extremereignis stellt die Stunde Null für jeden Menschen dar, der direkt davon betroffen ist. Wer jetzt nicht schnell genug weg kommt, lange genug marschieren kann und dabei einiges zu tragen im Stande ist, der wird Verluste haben, der muss am Ende möglicherweise wichtige Dinge zurücklassen, seine Haustiere aufgeben und im schlimmsten Fall werden Familienmitglieder voneinander getrennt oder verlieren das Leben.

Glücklicherweise sind wir derzeit von solchen Verhältnissen noch verschont geblieben. Dies dachte die ukrainische Bevölkerung bis vor kurzem aber auch. Stell dir doch nur die Verhältnisse Anfang 2022 vor. Da waren die meisten Menschen in diesen Gebieten doch noch völlig sicher und lebten ein Leben wie wir es derzeit tun. Für diese Menschen war es sicherlich genauso unvorstellbar, dass so etwas wirklich passieren würde, so wie es für uns heute und hier unvorstellbar ist. Und plötzlich und unerwartet gab es die große Katastrophe „*Krieg*". Menschen mussten von der einen auf die andere Sekunde um ihr Leben rennen und dabei das Nötigste mitnehmen, um es zu retten. Wer garantiert uns heute, dass so etwas oder auch nur etwas Ähnliches nicht auch in naher Zukunft bei uns die Realität sein könnte? Kurz beantwortet: Niemand kann solches garantieren. Wer das tun würde, wäre ein Lügner. Es gibt dafür keine Garantie. Und schon gar nicht in unserer Zeit.

**Zusammenfassend lässt sich hierzu also festhalten, dass ein tägliches Fitnesstraining in den Tagesablauf integriert werden sollte.** Dies wird dann sehr schnell zur Gewohnheit werden und man wird auf eine gleichgesinnte Community stoßen, um sich gegenseitig für das Training weiter zu motivieren und zu begeistern. Die allgemeine Gesundheit wird sofort davon profitieren, man wird für sämtliche alltäglichen Aufgaben besser gewappnet sein als vorher und man wird sich automatisch und ganz nebenbei auf eine Krise exzellent vorbereiten.

**Von dieser Vorbereitung kann an einem Tag, dessen Datum wir alle nicht kennen, irgendwann einmal das Leben abhängen.**

# 21. Kapitel: Jeden Tag ein kleiner Schritt

Der Ratschlag lautet deshalb: Frühzeitig mit allen Vorbereitungen beginnen, am besten noch heute, am besten **JETZT**. Niemand muss sich stundenlang jeden Tag vorbereiten, was eine unmögliche Leistung darstellen würde, die nur die wenigsten erbringen könnten. Vielmehr liegt der Trick darin, jeden Tag ein bisschen was zu erledigen in Hinblick auf die vollständige Vorbereitung.

Jeden Tag ein bisschen was bedeutet aber nach wenigen Wochen oder Monaten schon sehr viel. Viel mehr als man an einem Stück schaffen könnte. Jeden Tag ein bisschen spazieren oder joggen gehen, sagen wir 30 Minuten, jeden Tag ein bisschen Kraftsport machen, sagen wir Liegestütze und Situps und sich jeden Tag ein bisschen gesund ernähren, also auf ausreichend Wasser- und Nährstoffzufuhr achten, wird am Ende nicht ein bisschen gesund machen, sondern wird sehr schnell zu hoher Gesundheit, Stärke und Ausdauer führen.

**„Der stete Tropfen höhlt den Stein"** könnte man auch sagen.

Oder **„Step by Step. Little by little"**, als das englische Pendant dazu.

Du wirst dieses Phänomen der kleinen Schritte überall in der Literatur und in der Coaching-Szene wiederentdecken wenn du danach suchst. Jeder Experte, egal aus welchem Bereich, empfiehlt dieses Vorgehen. Fange also kleinschrittig an und entwickle dich durch diese Technik rasant weiter. Jeder Mensch beginnt irgendwann einmal mit der ersten Liegestütze und der ersten Joggingrunde. Selbst die größten und erfolgreichsten Sportlerinnen und Sportler dieses Planeten haben irgendwann einmal damit angefangen Sport zu betreiben. Hätten sie sich gleich zum Ziel gesetzt Olympiasieger oder Weltrekordhalter zu werden, wäre diese Hürde möglicherweise anfangs zu groß gewesen. Sie haben sich aller Wahrscheinlichkeit nach anfangs kleinere Ziele gesetzt, die sie leichter umsetzen und erreichen konnten.

So wird der erfolgreichste Gewichtheber ehemals zunächst mit ganz gewöhnlichen Gewichten so wie jedermann angefangen haben zu trainieren. Mit der Zeit wurden die Gewichte aber mehr und mehr. Schritt für Schritt eben und nicht alles auf einmal.

Durch diese Kontinuität werden tatsächlich Rekorde aufgestellt. Das kann im Grunde genommen jeder Mensch leisten, wobei nicht jeder Olympiasieger oder Weltrekordhalter werden wird, aber es reicht ja selber seine persönlichen Bestleistungen zu erreichen und zu übertreffen. Nach einigen Monaten Training wird jeder feststellen, dass er sich im Vergleich zu seiner Altersgruppe ganz weit vorne im Leistungsspektrum befindet. Es muss zwar nicht dazu führen, dass man sich ständig mit anderen vergleicht. Das ist auch nicht der Sinn der Sache. Aber wenn man feststellt, dass man einfach körperlich leistungsfähiger ist, als die meisten anderen da draußen, dann beweist das ja schon, dass man einiges richtig macht.

Hieraus wird aber auch deutlich, dass man es tatsächlich tun muss. Ein bloßes sich *„vornehmen"* und auf *„morgen verschieben"* reicht hierbei nicht.

**Es gibt nichts Gutes, außer man tut es.**

Es reicht auch nicht Fitness und Sport in der Theorie zu verstehen. Fitness und Sport sind etwas, das aktiv getan werden muss. Praxis geht hier ganz klar vor Theorie. „Anfangen!" lautet das Credo.

# 22. Kapitel: Drogen - Nein danke!

Ergänzend möchte ich noch darauf hinweisen dass zu einem gesunden Lebensstil auch noch ein paar andere Verhaltensweisen gehören, um die körperliche Entwicklung nicht von anderer Seite zu gefährden. So sollten Drogen jeder Art absolut tabu sein. Im Grunde genommen betrifft das nicht nur harte Drogen, sondern auch Alkohol und Nikotin jeder Art.

Zum einen dürfte klar sein, dass diese Substanzen dauerhaft und regelmäßig zugeführt der Gesundheit einen fundamentalen Schaden zufügen. Aber selbst einmaliger Konsum führt zu einer Schädigung. Es wäre als wenig zielführend zu bezeichnen, wenn man einerseits viel Disziplin und Zeit aufbringt, um sich gesund zu ernähren, ausreichend zu schlafen und Sport zu treiben und wenn man andererseits dann seine körperliche Konstitution durch Drogen wieder herabsetzen würde. Dies ist der eine Aspekt.

## Engpass an Drogen im Blackout

Der andere Aspekt von Drogen lässt sich wie folgt beschreiben: Unsere Gesellschaft möchte öffentlich nicht zugeben, dass Drogen in weitesten Teilen der Bevölkerung gang und gäbe sind. Viele Menschen rauchen und trinken. Viele Menschen sind medikamentenabhängig. Und viele Menschen nehmen darüber hinaus verbotene Substanzen ein, die sie nicht auf dem legalen Markt erworben haben. Es handelt sich hierbei um Drogen wie Kokain, Heroin oder Crystal Meth und anderes mehr.

Unsere Gesellschaft schweigt weitestgehend darüber, dass Millionen von Menschen diese Substanzen regelmäßig konsumieren. Und es handelt sich hierbei nicht etwa um die Junkies vom Hauptbahnhof. Dies ist nur ein winziger Teil dieses Klientel. Konsumenten sind Menschen jedweder Herkunft und jedweden Standes. Natürlich spricht niemand offen darüber. Aus Abwasseruntersuchungen großer deutscher Städte weiß man aber mit hundertprozentiger Sicherheit, dass es einen immensen Drogenkonsum in Deutschland gibt. Die paar Drogenfunde des deutschen Zolls täuschen über die tatsächlich in Umlauf gebrachte Menge hinweg, die viel größer ist.

Wenn nun aber bei einer Katastrophe wie einem Blackout so ziemlich alles an Nachschub auf der Strecke bleiben wird und alles an Bevorratung, Lebensmittel und Trinkwasser knapp werden wird, wie wird es sich dann wohl mit dem Nachschub an Drogen jedweder Art verhalten? Ich denke, die Antwort wird sehr leicht zu finden sein: **Es wird auch hier einen eingeschränkten, einen nicht mehr bezahlbaren oder gar keinen Nachschub mehr geben**.

Drogensüchtige reagieren mit dem Entzug der Droge aber mit Entzugserscheinungen. Damit ist nicht zu spaßen. Menschen auf Entzug sind so gut wie zu nichts mehr in der Lage. Den harten Anforderungen eines Blackouts werden sie deshalb aller Voraussicht nach niemals gewachsen sein können, denn ihre Gedanken werden nur darum kreisen, wie sieht die begehrte Droge doch noch bekommen können.

Aus diesen Tatsachen kann man nur eine Lehre ableiten: **Drogen sollten schon heute Tabu sein.**

Wer sich aber gesund ernährt, wer ausreichend schläft, wer zudem regelmäßig Sport treibt und sich mit positiven und netten Freunden umgibt, der wird ganz sicher sogar auch ohne zusätzliche Hilfe genügend Glückshormone produzieren, die ihn stetig motivieren und freudig stimmen. Es wird dann kein anderer Ersatz mehr nötig sein. Diese Empfehlungen gelten auch in Hinblick auf Medikamentenabhängigkeit. Natürlich werden auch diese Medikamente bei einem Blackout knapp werden oder können gar nicht mehr beschafft werden. Es lohnt sich also auch hier ein genauer Blick darauf, was individuell wirklich notwendig ist und was übertrieben oder sogar abträglich ist. Den wahren Arzt haben wir nämlich alle bereits in uns. Nur müssen wir ihn auch nutzen und ihn unterstützen und ihm die Möglichkeit geben, wirksam zu werden.

# 23. Kapitel: Nahrungsergänzungen / Zusätzliche Reserven

Weiter oben wurde bereits ausführlich dargestellt, welche Lebensmittel in welcher Menge bevorratet werden sollten. Dabei ist deutlich geworden, dass es sich in aller Regel um ganz gewöhnliche Lebensmittel aus den Supermärkten handelt, die wir hier horten können. Das macht die Planung und Vorbereitung natürlich besonders einfach und entgegenkommend. Nichtsdestotrotz empfiehlt es sich auch auf Nahrungsergänzungen zurückzugreifen. Der ein oder andere kennt diese schon und für manchen ist es auch ein völlig neues Thema. Da es aber kein unbedeutendes Thema ist, möchte ich an dieser Stelle einmal kurz vorstellen, um was es hierbei geht.

Nahrungsergänzung sind ein breites Thema. Dieses Thema ist vor allen Dingen aus der Sport- und Fitnessszene bekannt. Hier gehört es zum Allgemeinwissen, dass Sportler einen erhöhten Bedarf an Nährstoffen haben, dessen Deckung über gewöhnliche Lebensmittel aus dem Supermarkt manchmal nur schwer oder kompliziert möglich ist. Diese Einschätzung bestätigt sich, wenn man sich die Nährstofftabellen mancher Lebensmittel mal genauer durchliest. So haben Nudeln, Kartoffeln und Reis zwar sehr viele Kohlenhydrate, aber nur recht wenig Eiweiß. Obst und Gemüse wiederrum besitzen sehr viele sekundäre Pflanzenstoffe, Vitamine und Mineralstoffe, sind aber in aller Regel kohlenhydrat-, eiweiß- und fettarm. Tierische Produkte hingegen wie Milch, Milcherzeugnisse, Fisch und Fleisch bieten eine hohe Gewähr für eine ausreichende Eiweißzufuhr. Profis sprechen hierbei vom

„*Nährstoffe tracken*". Sie zählen also überschlagsweise die Nährstoffe zusammen, die sie durch handelsübliche Lebensmittel zu sich nehmen.

Die folgende Übersicht ist nur ein grober Anhalt, kann aber aufzeigen, welche Mengen ungefähr kalkuliert werden sollten.

Ein 90 kg schwerer Mann benötigt ca. 2000 kcal Energie pro Tag.

Er sollte

- 270 g Kohlenhydrate
- 70 Gramm Fett
- und 80 g Eiweiß zu sich nehmen.

Dies ist der Grundumsatz, also das was verbraucht wird im Ruhezustand ohne besondere Anstrengung. Kommen körperliche Anstrengung oder auch geistige Herausforderungen hinzu, steigt die benötigte Menge weiter bis zur Verdopplung. Im Übrigen gibt es auch keine allgemeingültige Formel, denn jeder Mensch ist individuell verschieden und verbraucht mal mehr, mal weniger Nährstoffe. Das ist weder gut noch schlecht, sondern eben einfach von Person zu Person verschieden.

Die wesentliche Informationen aus diesen Zahlen lautet aber: Wir brauchen eine bestimmte Anzahl an Nährstoffen und diese tatsächlich **täglich**. Es reicht also nicht, das Eiweiß alle drei Tage zu sich zu nehmen und dann zu denken, dass man den Tagesbedarf damit erfüllt hätte. Man muss diese Mengen tatsächlich täglich zu sich nehmen, um bei Kräften bleiben zu können und damit das körperliche Training tatsächlich auch Früchte trägt.

Vor dem Hintergrund dieser Tatsache wird nun deutlich, warum es nicht ohne weiteres ganz einfach ist mit den handelsüblichen Lebensmitteln aus dem Supermarkt jeden Tag auf diese Zahlen zu kommen. **Hier helfen die Nahrungsergänzungen weiter.** Im Grunde genommen befindet sich in den meistens in Pulverform angebotenen Produkten das in sehr hoher Konzentration wieder, was in manchen Lebensmitteln aus dem Supermarkt eher zu wenig vorhanden ist. Insofern bilden die Nahrungsergänzungen tatsächlich einen gelungenen Ausgleich und eine Verbesserung zur üblichen Ernährung.

Empfehlenswert sind zum Beispiel Mix-Pulver, welche gleich in größeren Gebinden, also in mehreren Kilogramm, angeboten werden. Ein frühzeitiger Preisvergleich lohnt sich. Nicht immer sind die teuersten Produkte die besten und auch günstige Angebote erfüllen oft den Zweck. In der Tat kommt es auf die Zusammensetzung an und auf das gute Preis-Leistungsverhältnis. Da man immer nur relativ kleine Mengen benötigt, kommt man recht lange aus mit den angeschafften Vorräten.

Was die Proteinpulver betrifft, so kommen diese meist in hochprozentiger Form daher. Diese sind dann zusätzlich sinnvoll angereichert und abgestimmt mit Kohlenhydrat-Kombinationen, Vitaminen, Mineralstoffen und gegebenenfalls anregenden Substanzen wie Koffein oder Taurin. Das Schöne ist daran außerdem, dass jeder nach Lust und Laune seinen Drink mixen kann. Dass man also einmal mehr, einmal weniger Pulver dosieren kann.

Weiterhin gibt es das Ganze auch in Riegelform. Diese Riegel sind besonders praktisch, weil man sie einfach in die Hosentasche stecken kann und so unterwegs bei jeder Gelegenheit verzehren kann. Ein 60% Eiweißriegel beispielsweise wiegt wenig und nimmt kaum Platz weg, kann aber im Extremfall einem erwachsenen Menschen mindestens einen halben Tag lang den Hunger nehmen. **Auch deshalb sind diese Riegel für Katastrophenfälle und für Notlagen in besonderem Maße geeignet.**

Sie stellen sofort in hochprozentiger Form lebensnotwendige Nährstoffe bereit, ohne dass dafür eine großartige Lebensmittel-Zubereitung erfolgen muss. Ein paar von diesen Riegeln im Notfallrucksack oder im Auto eingelagert können tatsächlich irgendwann mal Wunder wirken. Sie sind außerdem sehr lange haltbar, was einen weiteren Vorteil darstellt.

Je nachdem wie man sich körperlich betätigt oder was für einen Sport man macht, kann man diese Nahrungsergänzung jetzt noch aufeinander abstimmen. So würden Kraftsportler in aller Regel den Schwerpunkt bei der Eiweißzufuhr sehen, wobei die Ausdauersportler unbedingt auch auf ausreichende Kohlenhydratzufuhr achten würden.

**Insgesamt macht es also sehr viel Sinn, sich mit dieser Thematik auseinanderzusetzen und sich die angesprochenen Produkte zuzulegen und einzulagern.**

Im Grunde genommen handelt es sich hierbei auch um nichts anderes, als eine Art von Astronautennahrung oder Expeditionsnahrung, die kaum Platz wegnimmt, die sehr leicht zu konsumieren ist, dabei gut verdaubar ist und vom Körper direkt aufgenommen wird. Im Extremfall lassen sich nur damit Wochen erfolgreich überstehen. Letztendlich macht es aber der Mix, das heißt die gelungene Kombination herkömmlicher Lebensmittel ergänzt durch Nahrungsergänzungen. Dann ist man wirklich immer auf der sicheren Seite und hat immer noch ein *Ass im Ärmel*, auch wenn der Blackout unerwartet lange dauern sollte.

Genauso wie man den Lebensmittelvorrat behandelt, würde man dann auch mit den Nahrungsergänzungen umgehen. Du kannst sie also ganz normal in deinen Alltag mit integrieren und gewöhnst dich damit auch gleichzeitig an Zubereitung und Geschmack. Dann ist das jedenfalls nachher keine Überraschung mehr. Verbrauchte Nahrungsergänzungen werden dann gleich wieder nachbestellt und erfolgreich im Lebensmittelvorrat eingelagert. So ist immer genügend da für schlechte Zeiten.

Finden kann man diese Produkte spielend einfach in den Sportabteilungen der Warenhäuser und natürlich im Internet, wo es etliche Anbieter gibt. Ich empfehle bei der Auswahl darauf zu achten, dass das Angebot komplett in Deutschland produziert wurde und die deutschen Qualitätsrichtlinien umgesetzt wurden. Hier lohnt auch der Vergleich der Meinungen anderer und deren Erfahrungen. Weiterhin lohnt es sich in Hinblick auf den Geldbeutel darauf zu achten, ob der Anbieter größere Gebinde zu einem günstigeren Preis anbietet.

## Einkaufsbeispiel Nahrungsergänzungen

Ein Beispiel von welchen Dimensionen ich hier rede: Wenn ich beim Händler meiner Wahl für etwa 180 € einkaufe, dann kommen etwa acht oder neun große Dosen beziehungsweise Pakete, die insgesamt ca. neun Monate reichen oder sogar länger. Das sind dann pro Monat ca. 20 €, die ich zusätzlich in eine vollständige Ernährung investiere. Ich denke mal nicht, dass das zu teuer ist, denn schon einmal Essen gehen in der Lieblingspizzeria wäre teurer als diese Investition, von der ich täglich profitieren kann und auf die ich dann vor allen Dingen in einer Krisensituation uneingeschränkt zurückgreifen kann.

Nahrungsergänzungen bekommen deshalb von mir einen klaren Daumen nach oben!

# 24. Kapitel: Langzeitnahrung / Militärnahrung / Tactical Foods

Aus dem Bereich des Militärs gibt es eine weitere sehr praktische und tolle Alternative zu den bisherigen Essensempfehlungen. Dazu muss ich am Anfang ein klein bisschen weiter ausholen:

Spezialkräfte sämtlicher Armeen dieser Welt müssen oft tagelang oder wochenlang abgeschnitten von der eigenen Versorgung im Feindesgebiet Aufträge ausführen. Sie müssen dabei vollständig unentdeckt bleiben und sich so unauffällig wie möglich verhalten. Unter diesen Umständen ist natürlich nicht daran zu denken, dass zu den Essenszeiten die Feldküche anrollt und die Soldaten mit warmen Speisen versorgt. Es ist aber nicht mal daran zu denken, dass die Soldaten übermäßig helles Feuer machen können oder laut mit Kochgeschirr klappern dürfen. Im Grunde genommen muss das Essen still und heimlich zubereitet und zu sich genommen werden und alles so unauffällig wie möglich.

Nun kann man sich leicht vorstellen, dass unter diesen Bedingungen kaum Fünf-Gänge-Menüs herauskommen können, die aus Haupt- und Nachspeise und verschiedenen Extras bestehen. Da die Soldaten aber nicht nur auf harten Keksen herumkauen möchten, sind die Macher der sogenannten *Tactical Foods* erfinderisch geworden. Diese kleinen aber feinen Essenspakete zeichnen sich vor allen Dingen dadurch aus, dass sie sehr lange haltbar sind, dass sie witterungsbeständig verpackt sind (man könnte sie also irgendwo eingraben und später wieder rausholen um sie zuzubereiten), dass sie spielend einfach zuzubereiten sind, dass sie dabei alles an

Nährstoffen zur Verfügung stellen, was der menschliche Körper benötigt und zudem lecker und abwechslungsreich zusammengestellt sind.

Jede Sorte und Geschmacksrichtung ist ein bisschen anders zusammengestellt, sodass ist nie langweilig wird. Es gibt solche Pakete in den Survival-Shops und man kann sie auch im Internet sehr praktisch bestellen. Im Preis sind sie höher im Vergleich zu Nahrung aus dem Supermarkt. Der praktische Nutzen liegt allerdings auf der Hand:

**Du brauchst dieses Paket nur zu erwerben und hast im Notfall sofort eine komplette Mahlzeit bei der Hand, die du auch noch spielend einfach zubereiten kannst**.

Das Ganze ist optimal dafür geeignet, um im Rucksack mitgeführt zu werden als Marschverpflegung für unterwegs. Auch im KFZ lassen sich solche Vorräte sehr gut deponieren und bei Bedarf (Autopanne etc.) verbrauchen. Für zu Hause würde ich sie nur als *Backup-Lösung* einplanen. Das heißt, dann wenn mein gesamter sonstiger Vorrat verbraucht ist, könnte ich auf diese eiserne Reserve zurückgreifen. Oder aber wenn ich das Haus verlassen muss, um während des Blackouts Holz für den heimischen Kamin einzusammeln, oder um die Wasserreserven an einem entfernten Brunnen aufzufrischen. Dann könnte ich solche Pakete mit mir führen, um schnell und flexibel auf Nahrung während meines Ausflugs zurückgreifen zu können.

Es schadet also nie, dieses weitere Ass im Ärmel zu haben, zumal man so etwas auch schnell mal jemandem (Familienmitglied, Teammitglied) in die Hand drücken kann, um ihn oder sie schnell und flexibel auszurüsten. Diese Sachen sind wirklich kinderleicht zuzubereiten und zu verzehren.

Ein bisschen spielt hier sogar der Überraschungseffekt eine Rolle, denn man weiß ja anfangs nie ganz genau, was in den Päckchen alles drinnen ist und so kommt etwas die Stimmung von *Unboxing* auf. Jeder kennt das Gefühl von Geburtstag oder Weihnachten, wenn er ein Paket öffnet und überrascht wird vom Inhalt. So ähnlich ist es hier.

### Das altbewährte EPA der Bundeswehr

Auch von der Bundeswehr gibt es einen ähnlichen Essensvorrat. Jeder der dort Dienst geleistet hat, kennt sie: Die sogenannten Einmannpackungen (EPA). Von der Struktur her sind sie anders aufgebaut, als die Tactical Foods. Bei dem EPA der Bundeswehr handelt sich um einen Pappkarton, indem separat eingeschweißte Lebensmittelvorräte untergebracht sind. Angefangen von der **Wurst** über den **Käse** bis hin zu verschiedenen **Menüs**, **Marmeladen**, **Kaugummis**, **Streichhölzern**, **Tee**, **Kaffee**, **Armeeschokolade**, **Milchpulver**, **Zucker**, **Erfrischungstuch**, **Wasserentkeimungstabletten auf Chlorbasis** und **Hartkeksen** ist alles dabei.

Dieses Paket ist wirklich sehr umfangreich und reicht im Notfall auch für mehrere Tage. Es zeichnet sich weiterhin durch seine sehr hohe Haltbarkeit aus. So kommt es in Bundeswehrkreisen hin und wieder vor, dass in geheimen Bunkern eingelagerte EPAs nach 30 Jahren das Licht der Welt erblicken und an die Truppe verteilt werden. So ist die Verwunderung bei manchen Soldaten riesig, die das Glück haben an ein solches Paket zu kommen. Wenn sie es öffnen, schauen sie auf nostalgische Motive und Beschreibungen, die älter sind als sie selber. Trotzdem ist dieses Zeug nach wie vor genießbar. Auch diese Pakete oder auch nur Teile davon lassen sich heutzutage bequem im Internet bestellen und allein mit einem ausreichenden Vorrat dieser Pakete ist ein verhungern selbst in der größten Krise eigentlich ausgeschlossen.

Nicht umsonst lagert auch die deutsche Armee wahrscheinlich Millionen von diesen Dingern in unterirdischen Bunkern an geheimen Plätzen, um die Truppe beim Abreißen des gewöhnlichen Nachschubs permanent versorgen zu können. *Zum Beispiel bei einem Blackout.* Diesen einfachen Trick des Militärs kann man gerne übernehmen.

## Tauschhandel mit Inhalten des EPA

Zum Ende dieses Kapitels noch ein wichtiger Hack: Alle Inhalte des EPA lassen sich in viele kleine Teile aufgliedern, da alle Zutaten in der Regel separat verpackt sind. Wird bei einem Blackout der normale Zahlungsverkehr nicht mehr funktionieren, dann tritt an dessen Stelle schnell ein mittelalterlicher Tauschhandel. Menschen erkennen sehr schnell, welche Dinge für Sie wichtig sind und welcher Wert für sie damit verbunden ist. Man kann diese Sachen dann im Notfall auch als Tauschmittel einsetzen, um im Umkehrschluss an benötigte andere Dinge zu kommen. Es schadet auch vor diesem Hintergrund nicht, zusätzliche Reserven - und sei es auch nur als Tauschmittel - in der Hinterhand zu haben.

# 25. Kapitel: Weitere Lebensmittelvarianten

Eine weitere und sehr gute Methode, um lange haltbare Vorräte an vielfältigen und nährstoffreichen Lebensmittel zu sammeln, ist das Trocknen von Lebensmitteln. Beim Trocknen von Lebensmitteln handelt es sich wohl um die älteste Methode, um Lebensmittel auf natürliche Weise haltbar zu machen. Diese Methode hat sich über tausende von Jahren bewährt und wurde weltweit erfolgreich angewendet. Leider ist diese Technik etwas in Vergessenheit geraten. Sie sollte allerdings unbedingt in den Fokus kommen, wenn es um eine gelungene Vorbereitung sowohl für das Prepping zu Hause geht, als auch wenn wir unseren Rucksack für eine Flucht oder dergleichen vorbereiten müssen. Dehydrierte Nahrung hat nämlich einen entscheidenden Vorteil gegenüber allen anderen Lebensmittelvorräten:

**Da beim Trockenvorgang der allergrößte Teil des Wassers aus dem Lebensmittel entwichen ist, ist das Lebensmittel superleicht.**

Wer nun denkt, dass es aufgrund des geringen Gewichts arm an Nährstoffen und an Vitaminen sei, der täuscht sich. Denn alles was dem Körper gut tut, ist nach wie vor in dem Lebensmittel enthalten. Nur das Wasser ist raus.

Im Umkehrschluss kann man durch Zugabe von Wasser zu einem beliebigen Zeitpunkt das Lebensmittel wieder in einen Zustand zurückversetzen, den es mal hatte, bevor es getrocknet wurde. Die Sachen werden dann dementsprechend eingeweicht oder in Wasser gekocht und erhalten so schnell ihr ursprüngliches Volumen zurück, indem sie sich wieder mit Wasser vollsaugen. Entweder man isst die getrockneten Sachen so oder man gibt eben Wasser dazu und bereitet sich damit eine leckere Speise.

Den Trockenvorgang kann man natürlich selber vornehmen, was allerdings schon einiges an Arbeit mit sich bringt. Wer das trotzdem tun möchte, macht alles richtig, denn er beschäftigt sich mit der wohl ältesten Konservierungsmethode der Welt und übt das, was unsere Urahnen auch schon gemacht haben. Durch die Beschäftigung mit dem Essen kann natürlich hierüber auch eine Art Hobby entstehen und am Ende schmeckt sicherlich auch das am besten, was man selber konserviert und zubereitet hat. Gerade für eine Familie mit Kindern kann das ein spannendes und unterhaltsames Projekt sein, was der Vorbereitung auf einen bevorstehenden Blackout auch die Bedrohlichkeit nehmen kann.

Wer es sich ein bisschen einfacher machen will und trotzdem von den Vorteilen der getrockneten Lebensmittel profitieren möchte, der kann diese ganz bequem im Einzelhandel oder im Internet einkaufen und einlagern. Angebote hierzu gibt es zuhauf.

# 26. Kapitel: Superfoods

Kommen wir nur noch zu einem Speziallebensmittel, den sogenannten Superfoods. Beim Superfood-Trend handelt es sich um eine neuzeitliche Erscheinung in der Ernährungslehre, bei der alle die Lebensmittel zusammengetragen werden, die jeweils über erstaunliche Eigenschaften verfügen, die deutlich über das hinausgehen, was wir normalerweise von Lebensmitteln und ihren Wirkungsweisen gewohnt sind. Die Silbe *super* kommt aus dem Lateinischen und bedeutet so viel wie *über* oder *nach oben*. Wir kennen alle Superman und jedes Kind weiß, dass er über besondere Fähigkeiten verfügt die sonst niemand hat. So ähnlich kann man es sich mit den Superfoods vorstellen. Dieser Vergleich hilft zu verstehen, was damit gemeint ist.

Nun einige Beispiele:

## Spirulina Algen

Die Spirulina Alge ist eine Mikroalge, die in der Darreichungsform Pulver oder Dragee eingenommen werden kann. Ich persönlich empfehle die Dragees, weil sie handlicher sind und wunderbar eingenommen werden können. Das Pulver ist ein bisschen umständlicher, eignet sich aber dafür gut für Smoothies. Was sind die Vorteile der Spirulina Alge? Nur die Spirulina Alge verfügt über zahlreiche **Mineralstoffe** sowie **Vitamine des B-Komplexes** und **unglaublich viel Eiweiß**. Ca. 60% des Algen-Produktes bestehen aus reinem Eiweiß. Wer seinen Speiseplan also erweitern möchte, der sollte zusätzlich zu seiner ausgewogenen Ernährung einfach noch ein paar von diesen Dragees einwerfen. In Hinblick auf den Eiweißbedarf hat dies außerdem den großen Vorteil, dass verschiedene Eiweißlieferanten sich gegenseitig optimieren. Verschiedene Eiweißsorten in Kombination bieten also immer einen höheren Effekt, als wenn man nur auf eine Eiweißsorte zurückgreifen würde.

## Produkte von Bienen wie Bienenhonig oder Blütenpollen

Die oben genannten Bienenprodukte sind sehr reich an **Enzymen**, **Vitaminen** und **Mineralstoffen**. Bienenhonig in seiner Reinform ist unglaublich lange haltbar. Tatsächlich fand man irgendwo in Ägypten Bienenhonig, der dreitausend Jahre alt war und noch genießbar war. Bienenhonig schmeckt außerdem lecker und steigert die Motivation. Er verfügt über eine Menge Kohlenhydrate, die sofort ins Blut gehen. Blütenpollen sind ein weiteres Bienenprodukt und auch bis zu anderthalb Jahre haltbar. Blütenpollen verfügen ebenfalls über eine hohe Nährstoffdichte und über die schon erwähnten Bienen-Enzyme. Beide Produkte wirken top auf das Immunsystem.

## Getreide

Auch Getreide ist, wenn es trocken gelagert wird, ziemlich lange haltbar. So ist Weizen bis zu zwanzig Jahre haltbar, bei Roggen sind es immerhin sechs Jahre und Hafer kann bis zu vier Jahre aufbewahrt werden. Unter besonders trockenen Bedingungen kann diese Haltbarkeit aber noch deutlich weiter gesteigert werden. Getreide muss nicht etwa zu Brot verarbeitet werden. Es kann direkt in den Mund genommen, mit den Zähnen zerkaut werden, mit Speichel vermischt und dann gegessen werden. Es kann ebenso gut mit Steinen zermahlen werden und so erhält man einen primitiven Mehlersatz. Man kann das zermahlene Getreide aber ebenso gut in einer Suppe verarbeiten, somit ist es noch leichter genießbar und bekömmlicher. **Wer einen solchen trocken gelagerten Getreidevorrat zu Hause hat, der hat immer eine goldene Reserve bei der Hand, auf die er ebenfalls noch zurückgreifen kann.** Getreide ist nicht teuer und kann deshalb im Grunde genommen von jedermann trocken in einer Vorratskammer eingelagert werden für den Notfall. Getreide ist reich an Nährstoffen jeder Art.

### Nüsse jeder Art

Nüsse wiederum lassen sich ebenfalls hervorragend aufbewahren, wenn sie luftdicht verpackt sind. Sie können in den täglichen Verbrauch integriert werden und beim nächsten Einkauf immer wieder aufgefrischt werden. Wir haben zu Hause immer zahlreiche Packungen Nüsse gebunkert und wir futtern diese auch zwischendurch nach Lust und Laune. Nüsse bieten neben zahlreichen Nährstoffen vor allen Dingen **hochwertige Fettsäuren**.

### Mandeln

Bei der Bevorratung mit Mandeln verhält es sich ähnlich wie mit den Nüssen. Mandeln haben viel **hochwertiges Eiweiß** und so mancher Bodybuilder schwört auf die Ergänzung mit Mandeln. Mandeln steigern die Darmgesundheit.

## Getrocknete Linsen, Erbsen, Bohnen

Diese Lebensmittel sollten kühl, trocken und lichtgeschützt gelagert werden. Sie bieten ein großes Portfolio an Nährstoffen, sie sind einige Jahre haltbar und schon kleine Mengen machen unglaublich satt. Wer davon insgesamt ein paar Kilo eingelagert hat, der wird Wochen brauchen, um das Ganze im Notfall aufzubrauchen. Mit solchen Vorräten ist ein Verhungern im Grunde genommen unmöglich. Linsen, Erbsen und Bohnen sind super günstig zu bekommen, sie sind **sehr nährstoffreich** und können wunderbar bevorratet werden.

## Weitere Superfoods

- Blaubeeren, Goji-Beeren, Cranberry-Beeren, Acai-Beeren
- Chia Samen
- Viele Wurzeln, also Ingwer, Ginseng, Kurkuma
- Viele Gewürze
- Die Maca Pflanze
- Weizengras, Gerstengras

Diese Liste ließe sich noch um einige Einträge erweitern, aber die Beispiele sollen nur exemplarischen Charakter haben. Da es sich bei dem Wort *Superfood* auch um einen Trendbegriff handelt, ist nicht abschließend definiert, welche Lebensmittel alle dazu gehören. Letztlich ist die Wirkungsweise vieler Pflanzen überhaupt nicht erforscht und man vermutet tausende von sekundären Pflanzenstoffen, die noch entdeckt werden wollen. Auch zum Thema Superfoods gibt es speziel-le Shops im Netz bei denen du bequem ganz gezielt die oben genannten Produkte in verschiedenen Darreichungsformen und Mengen bestellen und ausprobieren kannst.

Es ist eine weitere sinnvolle Ergänzung und es ist ja auch immer wieder spannend, mal etwas Neues auszuprobieren, das man bisher noch gar nicht kannte. Eine Bereicherung stellt das Superfood deshalb auf jeden Fall dar.

Hiermit soll der Reigen rund um die Lebensmittelbevorratung erst einmal geschlossen werden. Ich denke, es ist hinreichend klar geworden, dass es spielend leicht möglich ist, sich einen individuellen Vorrat an vielfältigen Lebensmitteln in zweckmäßiger Form anzulegen. Umso bunter und vielfältige die Auswahl, desto größer wird die Freude nachher sein, wenn dieser Notvorrat tatsächlich benötigt wird.

In der Not wird es wirklich von entscheidender Bedeutung sein, wenn man aus dem Vollen schöpfen kann und damit seine körperliche und seine geistige Gesundheit selbst in der härtesten Krise dauerhaft erhält. Wenn außerdem Fernseher, PC und Handy nicht mehr funktionieren, dann wird ganz schnell das Thema Essen die Hauptattraktion jedes Haushalts werden. Nicht viel anders war es ja bei unseren Urahnen in der Steinzeit, die sich abends am Feuer getroffen haben, dabei die erlegten Tiere vom Tag zubereitet haben und sich mit Geschichtenerzählen stundenlang unterhalten haben.

# 27. Kapitel: Tauschhandel

Etwas unglaublich klingt die Tatsache, dass sich bei einem Blackout schon nach kurzer Zeit ein Tauschhandel etablieren würde, so wie wir ihn aus den Geschichtsbüchern über die Zeit des Mittelalters kennen. Warum dies passieren wird, liegt auf der Hand. Wenn Geldautomaten aufgrund des Stromwegfalls kein Geld mehr ausspucken und wenn Kassenautomaten in Supermärkten oder Verkaufsstellen ihren Dienst nicht mehr verrichten und wenn überhaupt der automatisch Zahlungsverkehr zum vollständigen Erliegen gekommen ist, dann lohnt es sich, einige weitere Asse im Ärmel zu haben, um diese anstatt des Geldes eintauschen zu können.

Aus der Erfahrung wissen wir, dass in Ländern mit schwacher Wirtschaft ohnehin parallel zum Geldsystem ein Tauschhandel-System existiert. Das können sogenannte Dritte-Welt-Länder, Schwellenländer oder abgelegene Regionen der Welt sein. Hier ist es geradezu üblich in einen Tauschhandel einzutreten, um begehrte Waren untereinander auszutauschen. Letztendlich ist Geld in seiner physischen Form auch nichts anderes als eine Tauschware. Geld symbolisiert im Grunde genommen den Wert eines Gegenstandes oder einer Ware. Gewöhnlich tauschen wir also Wertscheine. Wir können also mit an Sicherheit grenzender Wahrscheinlichkeit davon ausgehen, dass der bei einem länger anhaltenden Blackout im Vorteil ist, der über ausreichend Tauschware verfügt.

Nun muss man ja nicht gleich zum fliegenden Händler werden, der tonnenweise gut gehortete Waren feilbietet, aber dennoch lohnt es sich auch einen gewissen Vorrat an Tauschgütern von Anfang an einzuplanen und einzurichten, um diese Gegenstände im Tausch gegen andere Dinge wechseln zu können. Vielleicht geht irgendwann mein Wasservorrat zu Neige, aber ich kenne einen Nachbarn, der einen eigenen Brunnen in seinem Garten hat. Möglicherweise braucht der aber frischen Nachschub an Kaffee. So könnten wir ins Geschäft kommen. Oder mir ist zu Gehör gekommen, dass jemand in meiner Umgebung über eine Funklizenz verfügt und hierüber an wichtige Informationen zur die allgemeinen Lage kommt. Möglicherweise freut sich diese Person aber über eine Ration Armee Schokolade, weshalb sie mit mir im Umkehrschluss sehr bereitwillig und regelmäßig ihre Informationen austauscht. Getreu dem Motto *„Informationen schaden nur dem, der keine hat"*, wäre auch dies ein gelungener Tauschhandel, der mich in meiner Planung voranbringen kann.

Es ist überhaupt nicht schwer und kompliziert, hier neben den sonst gehorteten Vorräten ein kleines Abteil einzurichten für Tauschgüter. Ohnehin eignen sich viele der eigenen Vorräte ebenfalls bereits zum Tauschen. Denken wir beispielsweise an die **verschlossenen und lange haltbaren Konserven**, an die eben schon erwähnte **Armee Schokolade** oder den **vakuumierten Kaffee** oder denken wir auch an verschiedene Hygieneartikel wie **Rasierer, Zahnbürsten, Zahncreme** und so weiter. All diese Dinge eignen sich sehr gut zum Tauschen weil jeder sie kennt und jeder den Wert und den Nutzen sofort einschätzen und erkennen kann.

Hier nun einige weitere Beispiele, welche Dinge sich für einen Tauschhandel gut eignen:

## Bargeld

Auch wenn Bargeld nur noch eingeschränkt nützlich sein wird, lohnt es sich trotzdem einen Handvorrat desselben ständig zu Hause zu haben. Wahrscheinlich wird man kurz nach einem Blackout schon noch das ein oder andere mit Bargeld hier und dort bezahlen können. Nur muss man es eben direkt verfügbar haben.

Es empfehlen sich hier ein paar hundert Euro Minimum, natürlich gerne auch mehr, die schon jetzt zu Hause sicher gelagert werden. Das wäre der bekannte *Notgroschen*, den man immer zu Hause haben sollte und den man im Falle einer Flucht auch schnell mit einpacken kann. Bargeldscheine nehmen nicht besonders viel Platz weg und sind leicht. Jeder kennt auch in einer Krise den Wert des Geldes und die meisten Menschen rechnen ja ohnehin damit, dass nach Beendigung der Krise auch das Geld wieder seine volle Funktionsfähigkeit erhält. Auch wenn man in der Katastrophe nicht wie üblich mit Geld bezahlt, so eignet sich Geld trotzdem noch als Tauschmittel.

## Gold und Silber

Ähnlich verhält es sich mit edlen Metallen, also Gold und Silber, sowie mit Edelsteinen. Denken wir beispielsweise an kleine Brillanten, die an Ringen oder Schmuck angebracht sind. Hier ist es ähnlich wie beim Bargeld. Diese Dinge nehmen wenig Platz weg, sie sind leicht zu transportieren und die allermeisten Menschen erkennen ihren Wert relativ leicht und nachvollziehbar. Es herrscht hierin ein hohes Vertrauen.

Man kann natürlich nicht erwarten, dass man im Falle einer

Katastrophe bei einem spontanen Tauschhandel immer einen reellen Gegenwert dafür erhält, so wie das üblicherweise der Fall wäre. Kaum jemand hat eine Goldwaage oder ist ein echter Experte bei der Einschätzung von Diamanten oder teuren Uhren. Trotzdem wird man für diese Gegenstände garantiert immer etwas bekommen. Mal angenommen ich besitze noch einen Goldring, mir fehlt aber dringend Nachschub an frischem Trinkwasser. Ich glaube jeder wird nachvollziehen können, dass ich dann gar keinen reellen Gegenwert erwarte, sondern dass ich bereits mit sagen wir zehn Litern Wasser zufrieden bin und mich im Tausch dagegen von diesem Goldring verabschiede. Das frische Wasser wird möglicherweise lebensrettend sein für meine Familie und für mich, den Goldring können wir uns gegebenenfalls später wieder neu beschaffen.

Umgekehrt wird derjenige, der auf einer Wasserquelle sitzt, möglicherweise seine Chance wittern, um nun in Windeseile steinreich zu werden. Das ist ja auch in Ordnung und entspricht dem Gesetz von Angebot und Nachfrage, hier nun eben im Rahmen einer Katastrophe.

Es lohnt sich also sehr wohl, ein paar **kleine Goldmünzen, Uhren, Schmuck, Ringe, Brillanten** und so weiter an einem sicheren Platz griffbereit zu lagern. Das können natürlich auch die Sachen sein, die man ohnehin als Gegenstände benutzt.

## Gold und Silber: Hinweise aus der Praxis

Spezialkräfte, militärischen Sonderkommandos und Geheimdienste arbeiten immer nach diesem Prinzip. Auch sie verfügen in der Regel über kleine Goldmünzen und über Bargeld, um über diesen Weg schneller und geschmeidiger ihre Ziele zu erreichen. Das Geheimnis dahinter ist einfach, denn den Wert des Goldes erkennt im Grunde genommen jeder Mensch. Hinzu kommt noch, dass Gold und Silber ihren Wert auch über die Katastrophe hinaus behalten werden. Dies zeigt die Erfahrung der letzten 3000 Jahre oder sogar länger. Hier gab es auch viele Krisen und trotzdem waren Gold und Silber immer und überall geschätzt.

### Genuss- und Suchtmittel

Weiterhin beliebte Tauschmittel sind Genuss- und Suchtmittel. An anderer Stelle in diesem Buch wurde bereits ausführlich darauf eingegangen, warum es sich lohnt persönlich auf Suchtmittel zu verzichten. Die Begründung war einfach: In einer Katastrophe werden auch diese Güter knapp werden und die persönliche Leistungsfähigkeit wird dadurch ebenfalls zusätzlich schwer beeinträchtigt werden, wenn man selber abhängig ist (z.B. Alkoholsucht).

Im Umkehrschluss heißt das aber, dass es beim kommenden Blackout garantiert und mit hundertprozentiger Sicherheit viele Menschen geben wird, die nicht nur einen Mangel an Lebensmitteln und Wasser verspüren werden, sondern auch einen Mangel an Genuss- und Suchtmitteln haben werden. Da hier der Drang am größten sein dürfte, an die begehrte Ware zu kommen, eignen sich diese Waren natürlich hervorragend zum Tauschen. Alkohol und Zigaretten dürften also ziemlich begehrt sein.

In kalter, dunkler und hoffnungsloser Zeit dürften sich zudem viele Menschen nach ein bisschen Heimeligkeit und Glückseligkeit sehnen. Wenn dem Kettenraucher die Zigaretten ausgehen, dann dürfte er zu ziemlich jedem Tauschhandel bereit sein. Wir könnten diesen Bedarf wiederum nutzen, um schnell und einfach an Dinge zu kommen, die wir wiederum dringend benötigen.

## Feuerzeuge, Streichhölzer

Was sich ebenfalls sehr gut für einen Tauschhandel eignet, sind Feuerzeuge und Streichhölzer. Bei Ausfall der Strom- und Gasversorgung werden unglaublich viele Menschen gleichzeitig einen sehr hohen Verbrauch an diesen Materialien haben. So müssen ständig Kerzen angezündet werden oder Campingkocher entfacht werden. Viele Leute mit Haus und Garten werden auf ihrem Grundstück ein Wärmefeuer errichten. Der Verbrauch an Feuerzeugen und Streichhölzern wird enorm zunehmen. Einmal verbraucht, wird man diese Sachen aber ebenso wenig kurzerhand an *der Tanke* neu erwerben können. Dann wird es für viele eng werden, denn kaum jemand beherrscht die Kunst des Feuermachens mit steinzeitlichen Methoden. Feuerzeuge und Streichhölzer können also unglaublich begehrt sein.

Nun könnte man hergehen und könnte sich also mit Einwegfeuerzeugen eindecken und gleich eine Großpackung zulegen. Bei einer Größenordnung von 100 Stück gibt es sicherlich im Moment noch einen Sonderrabatt. An einem trockenen und kühlen Ort aufbewahrt, nehmen diese Teile auch kaum zusätzlichen Platz weg. Sie können aber auch für den Eigenbedarf genutzt werden. Man hätte dann auf jeden Fall genügend Feuerzeuge, um so ziemlich jede Katastrophe zu überstehen. Sie können aber auch einzeln getauscht werden, wobei das Tolle daran ist, dass man immer jedes Feuerzeug einzeln als Tauschgegenstand einsetzen kann.

## Teelichter

Mit Kerzen verhält es sich ähnlich. Teelichter beispielsweise sind meist zu 50 oder 100 Stück abgepackt, sie sind klein und handlich und lassen sich bestens überall verstauen. Wenn man beispielsweise fünf solche Packungen kauft, kostet das derzeit nur ein paar Euro und man verfügt über 500 Teelichter. Diese kann man jetzt schon für den Eigenbedarf verwenden, sie sind also nicht nur für die Krise gedacht. Während dem Blackout können sie aber wunderbar als Tauschmittel eingesetzt werden, denn man muss nicht jede Packung tauschen, sondern man kann jede einzelne Kerze tauschen. Jeder Mensch kann den Wert eines Teelichtes ungefähr einschätzen und weiß welchen Nutzen er davon hat.

Ein Tauschhandel wäre beispielsweise: *5 Teelichter gegen einen Liter H-Milch. - Deal!*

## Hygiene Artikel

Hygiene Artikel jeder Art werden beliebte Tauschmittel sein. Also:

- Toilettenpapier
- Hygieneartikel für die Frau (z.B. Tampons)
- Hygieneartikel für den Mann (z.B. Rasierer)
- Hygieneartikel für Babys und Kleinkinder (z.B.

Windeln)
- und so weiter

**Merke:** Alles was in kleinen Teilen tauschfähig ist, eignet sich besonders gut für den Tauschhandel. So könnte man zwei Tampons tauschen oder eine Windel oder drei Einwegrasierer. Es fällt ziemlich leicht, bei diesen kleinteiligen Gegenständen zu gewichten und zu handeln.

Eine weitere Tauschregel lautet wie folgt:

**Tausche niemals Sachen, die du selber lebensnotwendig benötigst.**

Also würde ich demzufolge niemals mein letztes Feuerzeug tauschen und auch niemals meine letzten fünf Liter Wasser hergeben. Das würde keinen Sinn ergeben. Tauschhandel bedeutet, dass du immer über einen speziellen Vorrat an Tauschgütern verfügst, die idealerweise kleinteilig sind und die du in ausreichender Menge zu Hause hast, die aber gleichzeitig von anderen Menschen ganz sicher benötigt werden.

**Weitere mögliche Tauschmittel sind:**

- Batterien in den gebräuchlichsten Größen
- Medikamente (Kopfschmerztabletten, Durchfallmittel, Antibiotika, und so weiter)
- Saatgut jeder Art

### Dienstleistungen

Wenn man selber nicht mehr über Güter verfügt die man zum Tauschen benutzen kann, so bieten sich als weitere Variante Dienstleistungen an, die man für jemand anderen erbringt und im Gegenzug dazu Waren oder andere Dienstleistungen erhält.

Denke hier beispielsweise an typische **Hausmeistertätigkeiten** wie Reparieren, Be- und Entladen, Auf- und Abbauen und dergleichen mehr.

Denke aber auch an die **Betreuung von Kindern**, an die **Betreuung von Haustieren** oder an die **Pflege von hilfsbedürftigen Menschen**.

An **Näharbeiten** oder **Putz- und Reinigungsarbeiten**.

An all diesen Arbeiten wird ein hoher Bedarf bestehen auch oder vor allen Dingen im Blackout.

Weiterhin können **Wach- und Sicherungsaufgaben** angeboten werden. Wer aufgrund seiner Vorerfahrung als Polizist oder Soldat geeignet ist, der kann am besten im Team mit anderen solche Security-Dienste anbieten und dafür Gegenleistungen kassieren.

Im Grunde genommen kann alles an Fähigkeiten und Talenten eingetauscht werden. Grundlage ist hier auch das System von Angebot und Nachfrage. Besteht eine Nachfrage für eine bestimmte Dienstleistung, dann kann jedermann dieses Angebot bereitstellen. Und jeder Mensch verfügt über irgendein spezielles Talent oder eine Fähigkeit, die er anderen anbieten kann.

# 28. Kapitel: Achtsamkeit beim Tauschhandel

Ein bisschen Vorsicht und Achtsamkeit sind natürlich bei jedem Tauschhandel erforderlich. An anderer Stelle in diesem Buch wurde bereits die Tatsache erwähnt, dass Kriminelle und marodierende Banden sich schnell das Sicherheitsvakuum zunutze machen würden, um auf eigene Faust zu expandieren. Man sollte also nicht zu offenherzig mit seinen gehorteten Reserven und Möglichkeiten hausieren gehen, sondern sollte sich bedeckt halten und schon gar keine Detailinformationen herausgeben, was man wo und in welcher Anzahl gebunkert und gehortet hat. Das wäre definitiv falsch.

**Schweigsamkeit ist hier ein gutes Gebot.**

So verrät uns ja auch nicht der Juwelier in unserer Stadt, dass er in seinem Keller noch hunderte weiterer edler Ringe gelagert hat, sondern er wird uns nur einen Ring als sein bestes und seltenstes Stück verkaufen. Bei jedem Tauschhandel sollten also unnötige Begehrlichkeiten des Tauschpartners vermieden werden. Am besten so unauffällig wie möglich verhalten.

**Auch ist es ratsam, im Vorfeld die Lage und das Umfeld zu sondieren, indem man sich für den Tauschhandel bewegt.**

Die Person mit der man verhandeln möchte, sollte einen positiven und sympathischen ersten Eindruck vermitteln.

Aber auch im weiteren Verlauf sollte man immer die Aktionen des Gegenübers kritisch im Blick behalten.

Am besten ist es also, den Handel anzubahnen, indem man erstmal über dies und das ein bisschen spricht, um so mehr über die Hintergründe der Person und ihrer wahren Absichten herauszufinden. Erst wenn man ein gutes Bauchgefühl hat, sollte man zur Phase 2, also dem eigentlichen Tauschgeschäft, übergehen. Hier ist noch kein Meister vom Himmel gefallen.

Der ein oder andere wird ein bisschen Anlaufschwierigkeiten haben und muss erst Erfahrungen sammeln wie das geht. Und andere Personen hingegen entdecken in sich schlummernde Talente eines arabischen Basar-Händlers. Wer schon mal Flohmarkt gemacht hat, der weiß wovon ich rede. Hier kann man bereits jetzt einiges an Erfahrungen sammeln, wenn es um das Thema Handeln, Verhandeln und Feilschen geht. Auch hier läuft nicht jedes Geschäft gleich ab. Mal gewinnt der Käufer ein bisschen mehr, mal gewinnt der Verkäufer ein bisschen mehr. In vielen Fällen haben aber beide am Ende ein richtig gutes Gefühl mit dem Deal gehabt. Das ist das Ideal und so soll es am Ende sein.

Und auch im Blackout wären solche fairen Deals das Idealbild. Beide Tauschpartner werden sich auch weiterhin positiv an ihr Gegenüber erinnern und werden deshalb auch später wahrscheinlich gerne wieder bereit sein für ein neues Geschäft. So wachsen Vertrauen und gegenseitiger Nutzen. Letztendlich kann hieraus nach ein paar Monaten auch eine kleine und verlässliche Handelsgemeinschaft entstehen, in der jeder weiß, was er vom anderen erhalten kann und was er dafür zu geben bereit ist.

# 29. Kapitel: Wasser, die Grundlagen

Kaum ein anderes Thema ist für die Vorbereitung auf Krise, Krieg und Chaos so essentiell, wie das Thema Wasser. **Ohne Wasser kein Leben.** Unser eigener Körper besteht zum größten Teil aus Wasser. Das Leben selber ist im Wasser entstanden, wie wir aus dem Biologieunterricht wissen. Unsere Existenz, aber auch die Existenz der anderen Lebewesen auf diesem Planeten ist ganz eng mit dem Wasser verbunden.

**Eine Faustregel besagt, dass wir nur drei Tage überleben können, wenn wir kein frisches Wasser oder wasserhaltige Lebensmittel zu uns nehmen.**

Es wäre schlichtweg ausgeschlossen für unseren Körper, alle Funktionen der Reparatur, des Stoffwechsels, und des Immunsystems wahrzunehmen, wenn er sich nicht entschlacken könnte, indem er Stoffwechselprodukte ausscheidet und andererseits gleichzeitig mit frischem Wasser neu versorgt wird. Dieser Fakt dürfte nur wenigen Menschen tatsächlich bewusst sein. Das liegt natürlich daran, dass es jeder von uns gewohnt ist, nur den Wasserhahn aufzudrehen, um von dort Wasser für Kaffee oder Tee, zum Kochen oder zum Trinken zu entnehmen.

Jeder von uns kann an jedem Kiosk, jeder Tankstelle oder jedem Automaten zugreifen und er erhält sofort das, was er möchte. Was ist aber, wenn man in einer Großstadt lebt und all diese Möglichkeiten fallen von einem auf den anderen Tag plötzlich aus? Dann hat man zuallererst ein ernsthaftes Problem mit der Wasserversorgung zum Lebenserhalt.

Es ist mir wichtig, diesen Fakt besonders hervorzuheben und deshalb widme ich ihm gleich mehrere Kapitel an dieser Stelle. Du kannst dich auch hier bestens vorbereiten, indem du an verschiedene Dinge denkst, die dir und deiner Familie nachher nicht nur von Nutzen sein werden, sondern sogar euer Leben retten können.

# 30. Kapitel: Wasservorrat aus dem Supermarkt

Eine sehr gute Möglichkeit, um Wasser schnell und einfach zu bevorraten ist es, Sechser-Packungen an PET Trinkflaschen zu horten oder wahlweise Glasflaschen in Kästen, wem das lieber ist. Wasser in Glasflaschen ist übrigens nahezu unbegrenzt haltbar. Einmal eingelagert kann es in Ruhe stehen gelassen werden und zu Krisenzeiten getrunken werden.

Man kann in etwa folgende Faustformel für den Wasserverbrauch hernehmen:

**Jede Person benötigt pro Tag mindestens 2 l Wasser zum Trinken. Das ist der absolute Mindestumfang. Diese Menge wird natürlich individuell auch höher sein können.**

Gerade vor dem Hintergrund anstrengender Tätigkeiten kann es auch so sein, dass vier Liter Wasser oder mehr benötigt werden. Dem ein oder anderen mag das umständlich vorkommen, weil Wasser ja doch einen volumenmäßig großen Raum einnimmt und man schon eine ganze Menge davon lagern sollte, um mehrere Wochen oder sogar Monate überstehen zu können. Andererseits muss man aber auch sagen, dass Wasser absolut lebensnotwendig ist, dass es derzeit noch sehr günstig zu erhalten ist und dass es schlichtweg an einem selber liegt ob man diesen Weg gehen möchte oder ob man später auf fremde Hilfe angewiesen sein möchte.

Ich jedenfalls würde überall sparen, jedoch nie am Wasser. Wir wissen den Wert des Wassers wahrscheinlich erst dann einzuschätzen, wenn es wirklich knapp wird. Wer dann vorgesorgt hat und dessen Keller bis unter die Decke mit Wasser-Paketen gefüllt ist, der gehört zu den Gewinnern und kann sich und seine Liebsten bestens versorgen.

Das erste Mittel der Wahl ist also, zunächst etliche Wasser-Pakete aus dem Supermarkt jetzt sofort einzukaufen und an einem möglichst dunklen und kühlen Ort (Keller, Vorratskammer) zu lagern. Diese können natürlich auch im normalen Alltag mit verbraucht werden und der Verbrauch wird dann nach und nach bei jedem Einkauf wieder aufgefüllt. Alles spielend einfach möglich.

# 31. Kapitel: Wasservorrat in Kanistern

Um auch eine ausreichende Menge an Brauchwasser zu lagern, empfehle ich folgendes Vorgehen: Im Handel gibt es leere Wasserkanister zu kaufen. Das muss nicht unbedingt die stabilste Ausführung der Bundeswehr sein. Dies können auch simple PVC Kanister sein, die für denselben Zweck hergestellt wurden. So habe ich kürzlich ein Angebot gesehen über 6 mal 20 Liter Kanister zum Preis von etwa 40 €.

Werden diese Kanister mit Trinkwasser aus dem Wasserhahn befüllt, ergibt sich schon mal eine Gesamtmenge an Brauchwasser von immerhin 120l. Wie weiter oben bereits erklärt wurde, braucht jeder Mensch 2 Liter pro Tag um überleben zu können. 120 / 2 = also 60 Tage. Das wäre auch eine beachtliche Menge, die man hier als Notfall-Trinkwasser benutzen kann oder aber eben als Brauchwasser verbrauchen kann.

Brauchwasser bedeutet: Wasser zur Körperhygiene und für Reinigungstätigkeiten. Selbstverständlich ist auch dieses Brauchwasser sehr sparsam zu verwenden. Wie die gelungene Körperhygiene unter diesen Bedingungen aussehen kann, dazu gleich mehr.

Die Kanister lassen sich im Moment noch sehr leicht beschaffen und sodann mit Trinkwasser befüllen und im Keller einlagern. Man hat dann das sichere Gefühl, schon mal über eine beachtliche Menge Wasser zu verfügen, um über die Runden zu kommen. Luftdicht in diesen Kanistern verschlossen, ist das Wasser über einen längeren Zeitraum verwendbar. Schließlich handelt es sich ja in erster Linie um Brauchwasser. Würde man es zu einem längerfristigen Zeitpunkt dennoch als Trinkwasser verwenden wollen, so wäre auch das problemlos möglich, indem man es filtert, sicherheitshalber abkocht oder mit Entkeimungstabletten entkeimt.

### Leere Kanister sind weiterhin nützlich

Zu den Kanistern ist aber noch Folgendes zu sagen: Sind die Inhalte der Kanister einmal aufgebraucht, so dienen diese nach wie vor als neues Mittel der Bevorratung. Wir kennen die Bilder aus Dritte-Welt-Ländern, wo Leute mit ihren Kanistern Schlange stehen, um diese an einer Quelle zu befüllen. Was uns im Moment ärmlich und primitiv vorkommt, ist höchst zweckmäßig. Diese Kanister sind dann Gold wert und man muss nicht wegen jedem Schluck einzeln anstehen, sondern kann gleich ein oder mehrere Kanister voll machen. Selbiges kann ich auch machen an einem sauberen Fluss oder Bach, um das Wasser dann als Brauchwasser zu nutzen oder um es anschließend zu filtern, abzukochen oder mit Entkeimungstabletten genießbar zu machen, um es dann sogar als Trinkwasser nutzen zu können.

Die Kanister haben also einen längerfristigen Nutzen und sind deshalb absolut empfehlenswert.

# 32. Kapitel: Regenwasser als Brauchwasser sammeln

Eine weitere verlässliche Methode, um an einen Nachschub an Wasser zu kommen, ist es, im Garten, auf der Terrasse oder auf dem Balkon eine Regentonne aufzustellen. Idealerweise kann die Regentonne auch an die Wasserrinne die vom Dach kommt angeschlossen sein. Das Regenwasser das vom Himmel kommt, ist *relativ* sauber. Relativ meint hier, dass wir schon damit rechnen müssen, dass sich Schwebstoffe aus der Luft in dem Wasser befinden. In ländlichen Bergregionen hätte ich überhaupt kein Problem damit, Regenwasser direkt zu trinken. In Stadtgebieten sieht es da aber schon ganz anders aus und man muss hier von Region zu Region unterscheiden.

Aber wir wollen dieses Wasser ja zunächst sowieso nur als Brauchwasser zusätzlich sammeln. Wir können dieses Wasser dann wiederum für Reinigungsarbeiten, zum Blumengießen und dergleichen mehr nutzen. Dieses Wasser fällt kostenlos vom Himmel und wird in regelmäßigen Abständen immer wieder verfügbar sein. Selbst wer keinen eigenen Garten besitzt und nur wenig Möglichkeiten hat, kann sich mit ein bisschen Geschick eine Konstruktion anfertigen, die an Regentagen das Regenwasser von der Fensterbank sammelt und in eine Tonne weiterleitet. Selbstverständlich muss das Ganze auch unter Aufsicht geschehen, um einen Wasserschaden zu verhindern. Der Phantasie und dem Einfallsreichtum sind jedenfalls keine Grenzen gesetzt.

# 33. Kapitel: Wasser mit Wasserfilter reinigen

Eine kleine Quizfrage vorweg: Wie kann man zu 100% sicher feststellen, ob Wasser verunreinigt ist oder nicht? Antwort: Gar nicht. Denn man benötigte dafür im Grunde genommen ein Labor, über das nur die wenigsten von uns verfügen dürften. Grundsätzlich kommen wir also nicht daran vorbei, uns auf unsere Erfahrung und unser Bauchgefühl zu verlassen. Das mag dem ein oder anderen etwas befremdlich vorkommen, aber es ist nur eine Sache der Übung, dies zu trainieren und so ebenfalls zu treffsicheren Entscheidung zu kommen.

Befinde ich mich beispielsweise tief in den Alpen und finde eine Quelle die direkt aus dem Berg entspringt, dann würde ich eine **Sichtprüfung** und eine **Geruchsprobe** des Wassers durchführen anschließend würde ich eine kleine Menge davon **probieren**. Wenn ich keine Beanstandung an dem Wasser finde, so wäre ich der felsenfesten Meinung, dieses Wasser ist hochgradig rein und sauber und ich kann es bedenkenlos auch ungefiltert trinken.

Andererseits könnte ich an einem ganz anderen Ort auch etwas finden, das nach einer Quelle aussieht und sich im benachbarten Waldstück unweit unserer Wohnsiedlung befindet. Hier wäre ich zunächst einmal skeptisch, weil es ja sein könnte, dass das Wasser durch Zuläufe verunreinigt wird. Ich muss also die Umgebung checken.

**Ich stelle mir Fragen wie:**

- Befindet sich Landwirtschaft in der Nähe?
- Kann es also sein, dass Düngemittel oder Fäkalien in das Grundwasser in größerer Menge gelangen?
- Befinden sich Industrieanlagen in der Nähe? In Großstädten und landwirtschaftlichen Gebieten wird das sehr häufig der Fall sein.

Hat man solche Vermutungen, so sollte dieses Wasser nicht konsumiert werden.

Folgende Hacks können ebenfalls hilfreich sein bei der Bestimmung einer geeigneten Wasserquelle zur Trinkwasserentnahme:

- Kleine Wasserläufe sind größeren vorzuziehen. So führen große Flüsse in der Regel auch an Städten vorbei und hier auch an Industrieanlagen und Abwasserkanälen. Kleine Waldbäche hingegen, die abseits der großen Routen verlaufen, sind in aller Regel vorzuziehen.

- Fließende Gewässer sind stehenden Gewässern unbedingt vorzuziehen. Wie der Name schon sagt, steht das Wasser in Seen und Teichen und vor allen Dingen in Tümpeln und man kann die Qualität des Wassers hier oftmals schon am Geruch erkennen. Kleine Tümpel in denen sich zahlreiche Enten und Frösche tummeln, sehen sicherlich niedlich aus, sind aber für die Trinkwasserentnahme kaum noch geeignet. Anders ist es mit einer sprudelnden Gebirgsquelle. Hier handelt es sich um ein fließendes Gewässer reinen Ursprungs.

- Ein weiterer Tipp ist es, auch auf die Temperatur zu achten, denn Mikroben vermehren sich besonders gut in warmen Gewässern wie warmen und langsam fließenden Flüssen. Eiskaltes Wasser hingegen bietet diese Möglichkeit kaum noch. Es ist deshalb vorzuziehen.

Andererseits kann ich mich aber auch hier bestens vorbereiten und mit entsprechendem Material auf Nummer sicher gehen. Entnehme ich also Wasser aus der Natur um es trinkbar zu machen, dann sind beispielsweise **Wasserfilter** eine sehr gute Möglichkeit, um zumindest die größte Menge an für den Körper schädlichen Stoffen herauszufiltern. Diese Wasserfilter sind mitunter sehr handlich, können bequem derzeit im Handel geordert werden, sie sind quasi unverwüstlich und können auch im Outdoor-Rucksack mitgeführt werden.

Du darfst nicht davon ausgehen, dass dein damit gefiltertes Wasser automatisch Trinkwasserqualität besitzt, so wie wir es von zu Hause aus kennen. Jedoch erreichst du tatsächlich einen hohen oder sogar sehr hohen Reinigungsgrad, der es dir dann ermöglichen sollte, dieses Wasser entweder pur zu trinken oder in einem weiteren Verfahrensschritt abzukochen oder künstlich zu entkeimen.

Wasserfilter gibt es im Handel und das für wenig oder viel Geld. Ich empfehle bei der Entscheidung für einen Wasserfilter darauf zu achten, dass dieser auch bequem in dem Rucksack mitgeführt werden kann. So bleibt es nicht nur ein Wasserfilter für zu Hause, sondern auch für sämtliche Outdoor-Aktivitäten oder für die mögliche Flucht. Das wäre mein Hauptkriterium.

Wer dann also unterwegs Pech hat und weder eine Quelle noch einen klaren Gebirgsfluss findet, der kann das gefundene Wasser sehr gut mit dem Filter vorreinigen und danach abkochen und damit um einiges genießbarer machen. Insbesondere wenn man nicht nur für sich selber, sondern für eine Familie inklusive Kindern verantwortlich ist, ist es natürlich eine sehr gute Absicherung, dieses Gerät dabei zu haben. Gerade in Hinblick auf Kinder muss es ja manchmal sehr schnell gehen und nicht jeder bringt die Geduld mit, stundenlang nach einer geeigneten Quelle Ausschau zu halten.

Es schadet auch nicht, so einen relevanten Aspekt wie die Wasserversorgung gleich auf mehreren Fundamenten abzustützen. Somit kann ich einen Wasserfilter nur uneingeschränkt empfehlen. Doch was, wenn wir keinen Wasserfilter besitzen oder unserer abhandengekommen ist? Auch hierfür gibt es eine Lösung, nämlich den Selbstbau eines Wasserfilters. Wie das geht, zeige ich im nächsten Kapitel.

# 34. Kapitel: Bau eines improvisierten Wasserfilters

Der Bau eines improvisierten Wasserfilters ist relativ simpel und für jede einigermaßen handwerklich begabte Person kinderleicht nachzuvollziehen. Die dafür benötigten Materialien können schnell zusammengesucht werden und sind meistens sowieso schon bei der Hand. Es handelt sich um folgende Materialien:

- Stofffetzen aus Baumwolle
- Holzkohle
- Sand
- Kieselsteine
- Kies
- eine PET Flasche

Der Boden der PET Flasche wird mit einem Messer unten abgeschnitten, der Schraubverschluss wird oben abgeschraubt. Somit ergibt sich sehr schnell die Form eines Trichters. Dieser Trichter wird nun nach und nach mit den Materialien in sinnvoller Reihenfolge gefüllt.

Die Idee dahinter ist die, das auf künstliche Weise das Filtersystem der Erde nachgeahmt wird. Denn auch sämtliches Wasser was sich in unserer Atmosphäre bewegt, versickert nach und nach in der Erde und wird über diesen Vorgang gereinigtes Grundwasser. Nichts anderes stellt dieser selbstgebaute Wasserfilter am Ende dar, nämlich eine Miniaturisierung natürlicher Wasserfilterung.

Die Flasche wird zunächst einmal so auf den Kopf gestellt, dass die ursprüngliche Öffnung nach unten zeigt. Dort wird nachher das gereinigte Wasser ausfließen. Das noch ungereinigte Wasser wird später oben in die breite Öffnung, da wo der Boden war, eingefüllt.

Der Trichter wird in folgender Reihenfolge gefüllt:

- ❖ Als erstes wird der Baumwollstoff eingelegt und nach unten gepresst.
- ❖ Als nächstes füllt man die feinen Kohlestückchen ein.
- ❖ Hierüber legt man nun eine weitere Schicht des Baumwollstoffes.
- ❖ Darüber kommt eine ein paar Zentimeter dicke Schicht mit sauberem Sand.
- ❖ Darüber kommt eine Schicht Kies.
- ❖ Und darüber wiederum die etwas gröberen Kieselsteine.
- ❖ Idealerweise begnügt man sich nicht nur mit einer Füllung sondern stapelt gleich mehrere von diesen Füllungen in selber Reihenfolge übereinander. Je mehr Schichten der Filter aufweist, umso klarer wird nachher das Wasser werden.

Eigentlich ganz simpel oder?

Besonders Kinder dürften an diesem Verfahren einigen Spaß entwickeln, denn es ist schon ein schönes Schauspiel, wenn nachher oben das Bachwasser eingefüllt wird und unten das trinkbare klare Wasser herauskommt. So ein Filter ist natürlich nicht endlos zu benutzen, denn irgendwann wird der Filter voll sein mit Schmutzpartikeln. Bis dies der Fall ist, hat man aber sicherlich einige hundert Liter Wasser sauber gefiltert. Deshalb ist das ein sehr simples, aber zweckmäßiges Verfahren, um schnell an Trinkwasser zu gelangen.

# 35. Kapitel: Abkochen von Wasser

Um gefundenes Wasser vor dem Verzehr aufzubereiten, gibt es eine weitere raffinierte und simple Möglichkeit. Es geht dabei darum, das Wasser abzukochen. Hierbei werden alle Bakterien und Kleinstlebewesen effektiv und vollständig abgetötet. Der Hintergrund leuchtet sofort ein: Mikroben sind kleine Tierchen, die in unterschiedlicher Häufigkeit im Wasser vorkommen können (nicht müssen). Wir haben - wie schon festgestellt wurde - selber keine Möglichkeit solch einen Nachweis mal eben zu erbringen. Dies könnte nur ein Labor leisten.

Stammt das Wasser aus einem klaren und kühlen Gebirgsbach, so dürfte die Anzahl von Mikroben äußerst gering sein. Stammt das entnommene Wasser aus einem wärmeren Fluss der nur langsam fließt, dann werden es schon ein paar mehr sein. Grundsätzlich müssen wir keine Furcht haben vor einer kleinen Anzahl von Mikroben und nicht jedes minimal mit Kleinstlebewesen verunreinigte Wasser wird uns sofort krank machen oder uns in unserem Fortkommen behindern. Trotzdem können wir uns zur Sicherheit dazu entschließen, das gefundene Wasser abzukochen und damit mit hundertprozentiger Gewissheit keimfreies Wasser zu produzieren.

**Dazu wird das gefundene Wasser in einem Kochbehältnis auf offener Flamme zum Sieden gebracht. Ab einer Temperatur von 70 Grad Celsius und einer Zeitdauer von wenigen Minuten, sterben Mikroben erfolgreich ab.**

Ganz sicher, dass die richtige Temperatur erreicht wurde, sind wir immer dann, wenn das Wasser zu sprudeln beginnt.

Dann ist eine Temperatur von 100 Grad Celsius erreicht. Man kann hierbei also nichts falsch machen. Das somit keimfrei gemachte Wasser muss jetzt nur noch abkühlen und kann dann als Trinkwasser genutzt werden.

Insbesondere wenn wir an die Versorgung von Verwundungen denken, gewinnt das sterile Wasser an größerer Bedeutung. Offene oder heilende Wunden sollten im Rahmen der Ersten Hilfe ausschließlich mit keimfreien Gegenständen wie Verbandmaterial aber eben auch keimfreiem Wasser in Berührung kommen. Ab und zu muss um eine Wunde rundherum ggf. mal gereinigt werden und dazu wäre dann ausschließlich keimfreies Wasser zu verwenden. Dies nur am Rande und zur Ergänzung.

**Was das Abkochen leisten kann, ist das Wasser keimfrei zu machen, also frei von Mikroorganismen. Was das Abkochen nicht leisten kann, ist chemische oder physikalische Verunreinigungen aus dem Wasser zu entfernen.**

Wie man am besten ausschließen kann, dass das Wasser chemisch belastet ist, wurde bereits weiter oben erklärt.

Es kann also im besten Fall auch eine Kombination stattfinden zwischen dem Einsatz des Wasserfilters und anschließendem Abkochen. Das daraus gewonnene Wasser ist also ganz überwiegend gereinigt von Schmutzstoffen und es wird keimfrei sein.

Unser derzeit aus dem Wasserhahn gewonnenes Trinkwasser muss übrigens nicht weiter behandelt werden, sondern kann frisch gezapft direkt getrunken werden. Wie der Name ja bereits verrät, handelt es sich um gebrauchsfertiges Trinkwasser, das hohen Reinheitsstandards unterliegt und permanent getestet wird.

# 36. Kapitel: Wasserentkeimungs-tabletten

Eine weitere Variante sind Wasserentkeimungstabletten. In der Einmannpackung (EPA) der Bundeswehr befindet sich immer ein Streifen dieser Tabletten. Benutzen tun das allerdings nur die wenigsten und die Tabletten sind auch nur für den Notfall gedacht. Eben wenn es darum geht, keimhaltiges Wasser auf die Schnelle genießbarer zu machen. Wenn es ums Überleben geht, kann dies eine geeignete Methode sein. Unbehandelt könnte solches Wasser schnell zu Durchfallerkrankungen oder Erbrechen führen. Wir könnten für Tage oder länger ausfallen und wären in unserer Überlebensfähigkeit eingeschränkt.

Letztendlich bestehen aber auch diese Tabletten aus Chemie. Es gilt hierbei die Packungsbeilage zu beachten und den Einsatz sorgsam zu dosieren. Wasserentkeimungstabletten sind oft auf Chlorbasis hergestellt. Sie arbeiten mit dem Wirkstoff Chlor. Der ein oder andere wird nun größere Bedenken anmelden, weil Chlor oft einen schlechten Ruf hat. Diese Sorge ist aber unangebracht. Schließlich gehen wir ja auch alle mehr oder weniger regelmäßig in ein Schwimmbad und auch dort ist das Wasser ausschließlich mit Chlor versetzt. Hierüber hat jeder von uns schon mal ein bisschen was unabsichtlich verschluckt und das war ja auch kein Problem.

Übrigens empfehlen sogar Hautärzte explizit den Gang ins Schwimmbad, gerade wegen der entkeimenden Wirkungsweise des Chlorwassers. Hautkrankheiten können somit in Windeseile Geschichte sein. Das nur am Rande.

Zusammenfassend kann zu diesem Thema also festgehalten werden: **Es lohnt sich auf jeden Fall einen kleinen Vorrat an Wasserentkeimungstabletten griffbereit zu haben, um schnell und effektiv Wasser aufbereiten zu können.** Gut ist es, wenn man diese Methode mit dem mechanischen Wasserfilter kombiniert. Man muss keine Angst haben vor dem Chlor, sollte sich bei der Dosierung aber sehr wohl an den Beipackzettel halten. Und wer die Möglichkeit hat Wasser abzukochen, der sollte nach wie vor diese Methode zur Entkeimung wählen.

# 37. Kapitel: Körperhygiene mit wenig Wasser

Doch wie sieht es nun mit der Körperhygiene aus in Zeiten, wenn unser Wasservorrat begrenzt ist und das Wasser nicht mehr aus dem Wasserhahn kommt? Es liegt auf der Hand, dass wir ab sofort sehr sparsam mit dem Gebrauchswasser für die Körperhygiene umgehen müssen. Stundenlanges Duschen und Baden werden unter diesen Umständen kaum möglich sein, denn die wenigsten von uns werden einen mehreren tausend Liter umfassenden Wassernotvorrat ihr Eigen nennen können. Auch dürfte es wohl so sein, dass die umfassende Körperhygiene einen untergeordneten Stellenwert einnimmt in einer Krise oder einer Katastrophe. Man könnte deshalb scherzhaft auch behaupten: *„Noch niemand ist erstunken, aber schon viele sind verdurstet."*

Trotzdem wollen wir auf ein minimales Maß an Körperhygiene dennoch nicht verzichten, denn Hygiene hat nicht nur etwas mit Gesunderhaltung zu tun, sondern auch mit einem angenehmen Körpergefühl und mit einem gewissen Maß an Kultur.

**Frisch gereinigt und mit geputzten Zähnen sind wir auch einfach wacher und motivierter, unser Krisenmanagement täglich fortzusetzen.**

Also keine Sorge, denn es gibt Methoden wie man auch mit wenig Wasser eine anständige Körperhygiene durchführen kann. Wie schaffe ich es also, mit sehr wenig Wasser trotzdem eine ansprechende Körperhygiene zu erreichen? Hier kommt nun wieder ein Trick aus dem Bereich des Militärs.

**Spezialkräfte**, die oft weit entfernt von den Nachschublinien der eigenen Truppe eingesetzt sind, haben ebenfalls nur begrenzte Wasserreserven dabei, aber auch sie wollen sich alle paar Tage mal ein bisschen frisch machen. Dazu nutzen Sie die sogenannte *„Wasser in den Mund spuck aus Methode"*. Ich habe keine Ahnung, ob es dafür noch einen anderen Begriff gibt, aber mir ist dieser Begriff jedenfalls geläufig. Wie geht man nun dabei vor? Ganz einfach:

*Du begibst dich in dein Badezimmer und legst die Kleidung ab. Du nimmst aus deiner Wasserflasche oder Wasserbecher einen großen Schluck Wasser in den Mund und schluckst ihn aber nicht runter, sondern behältst ihn im Mund aufbewahrt. Das nun im Mund befindliche Wasser wird durch die eigene Körpertemperatur leicht vorgewärmt.*

*Nun machst du Folgendes: Du spritzt durch die zugespitzten Mundwinkel immer nur ganz kleine Stöße an Wasser heraus. Mit den ersten zwei Spritzern wäschst du deine Hände. Dann spritzt du immer wieder Wasser in die Hände und wäscht damit alle Körperteile ab, die gereinigt werden sollen. Selbstverständlich kann man hier zur Unterstützung der Reinigungswirkung auch noch eine winzige Menge an Seife oder Reinigungslotion verwenden. Bitte nicht zu viel, denn das ganze Zeug muss ja wieder abgespült werden und wir wollen ja Wasser sparen.*

*Es benötigt also zwei oder drei Schluck Wasser, mit denen man sich auf diesem Wege einmal komplett reinigen kann. Anschließend nimmt man ein trockenes Handtuch und rubbelt sich damit trocken. Das Handtuch wiederum bewirkt eine angenehme Körpermassage und sorgt damit für eine gute Durchblutung.*

Der Wasserverbrauch bei dieser Methode ist winzig. Aber der Reinigungseffekt kann sich durchaus sehen lassen. Wenn man sich danach wieder angekleidet hat, dann fühlt man sich schon wieder als ein ganz neuer Mensch und viel besser motiviert, um die anstehenden Aufgaben zu bewältigen. Diese

Methode kann bequem im heimischen Bad, aber auch in Gottes freier Natur angewendet werden.

Auch **Zähneputzen** muss erledigt werden. Dies gilt für die gesamte Familie. Wer seine Zähne in der Krise vernachlässigt, der könnte nach ein paar Wochen oder Monaten schnell das nächste Problem haben: Zahnschmerzen aufgrund von Karies. Wenn wir bedenken, dass im Blackout auch der Zahnarzt seine Borer nicht betreiben kann, dann wird es schwierig mit der Kariesbehandlung. Unabhängig davon sollten wir immer alles tun, um unseren Körper insbesondere in Katastrophenfällen stets gesund und einsatzfähig zu halten. Die Gesundheit ist stets das höchste Gut, das wir mit uns tragen. Schmerzen auch in Form von Zahnschmerzen würden uns aber die Motivation nehmen und uns ablenken von dem, was jetzt eigentlich zählt. Wir putzen uns also ganz gewöhnlich morgens und abends die Zähne mit wenig Wasser.

# 38. Kapitel: Der „große" Toilettengang

Doch wie sieht es nun mit dem „großen Geschäft" aus. Hier gibt es verschiedene Möglichkeiten sich vorzubereiten. Zum einen kann man sich im Handel eine geeignete Campingtoilette besorgen. Diese wird ergänzt durch einen entsprechenden Vorrat an Toilettenpapier oder feuchtem Toilettenpapier. Weiterhin zu empfehlen sind Geruchsabsorber oder ein Raumspray. Denn anders als bei der normalen Toilettenspülung die hier nicht geht, entsorgen wir alles über einen Beutel im Hausmüll. Zugegeben etwas gewöhnungsbedürftig.

Letztendlich wird hier genau dasselbe Prinzip verfolgt wie bei Babywindeln oder bei der Entsorgung von Hundekot. In beiden Fällen gelangen die Hinterlassenschaften immer in den Hausmüll und werden über die Müllentsorgung beseitigt.

**Wer also keine komplette Campingtoilette besitzt, der muss wenigstens über einen großen Vorrat an günstigen aber großen Müllbeuteln verfügen.**

In diesen Müllbeutel wird auf dem stillen Örtchen dann eben das Häufchen reingemacht, der Beutel wird zugeknotet und das Ganze wird wiederum in einen großen und stabilen Müllsack gegeben, der auf dem Balkon, der Terrasse oder im Garten zwischengelagert wird und dann täglich oder alle paar Tage über den Hausmüll komplett entsorgt wird.

Der Hausmüll wird aufgrund der fehlenden Müllabfuhr überquellen und dann ist es auch egal, wenn hier eben noch ein bisschen was dazu gestellt wird. Somit haben wir ein klares System für unseren Toilettengang, das am Anfang ganz sicher neu sein dürfte, aber schnell zur Gewohnheit werden wird.

**Als Hilfe können wir übrigens unsere Kloschüssel nach wie vor benutzen.**

Dazu wird der Müllbeutel einfach über die Kloschüssel gestülpt, so dass wir unser Geschäft in den Beutel machen können. Bequemes Sitzen ist also nach wie vor möglich, was ja auch schon mal nicht ganz schlecht ist.

Wer über tausende von Liter Brauchwasser verfügt, weil er beispielsweise einen eigenen Brunnen im Garten hat oder einen großen Teich besitzt, der könnte selbstverständlich auch dieses Wasser nehmen, als Ersatz für die Klospülung. Einfach Teichwasser in einen Eimer füllen, den Inhalt ins Klo spülen und damit abspülen. Selbiges kann man tun, wenn man einen großen Überschuss an Regenwasser gesammelt hat. Letztendlich bleibt es also jedem selber überlassen, welche Methode man hier wählt oder ob man mehrere Methoden miteinander kombiniert.

Was allerdings komplett tabu sein sollte ist es, wertvolles Trinkwasser literweise für die Klospülung zu benutzen. Trinkwasser dient ausschließlich der Lebenserhaltung und darf nicht als Brauchwasser verschwendet werden.

# 39. Kapitel: Waschtag am See oder im Fluss

Ergänzend zu den vorgeschlagenen Tipps kommt hier mein persönliches Highlight. Du kommst aber auch schnell selber auf die Idee, wenn du überlegst, wie sich die Menschen vergangener Jahrtausende gewaschen haben, als es noch kein fließendes Wasser zu Hause oder im Dorf gab. Ganz genau!

**Sie sind zu den Flüssen, zu den Seen und an die Meere gegangen und haben dort geplanscht und gebadet.** Sie haben aber gleichzeitig ihre schmutzige Wäsche mitgenommen und dort ebenfalls gewaschen und an Land wieder getrocknet.

Im Übrigen hat ein Bad in Meereswasser nicht nur die Funktion, die Haut einigermaßen sauber zu bekommen, sondern die im Meereswasser gelösten Salze wirken außerdem auf die Haut heilend und nährstoffreich. Viele kennen ganz sicherlich den Effekt, wenn man mit einer kleinen Verletzung im Meereswasser schwimmt, dass es am Anfang ein bisschen weh tut wegen dem hohen Salzgehalt. Die Wunde heilt aber dafür schon nach wenigen Tagen komplett aus. Viel schneller jedenfalls, als wenn man nicht im Meereswasser gebadet hätte.

Dieses Verfahren lässt sich vor allen Dingen in den warmen Monaten anwenden, aber selbst im Winter würde ich das so handhaben. Du kennst sicherlich die Leute, die im Winter in eisiges Wasser tauchen, dort kurz verweilen und sich komplett erfrischt an Land wieder trocken rubbeln und anziehen.

Das ist ein super **Training für das Immunsystem** und sorgt für eine hervorragende Durchblutung. Nach der Aktion fühlt man sich auf jeden Fall sofort viel wacher und ist top motiviert. Es handelt sich hierbei auch um ein **Naturheilverfahren**, das auf der ganzen Welt bekannt sein dürfte.

Gerade Kinder werden von solchen Outdoor-Aktivitäten begeistert sein und lassen sich hervorragend auch in Blackout-Zeiten bei Laune halten. Schließlich kann man das ganze ja geschickt als Bade- oder Strandtag verkaufen. Tatsächlich ist es aber auch ein Reinigungstag. Deine privaten Wasserreserven bleiben in dieser Zeit vollkommen unangetastet und du nutzt einfach das Wasser, das in der Natur vorhanden ist.

Behelfsmäßig während dem Blackout gereinigte Kleidungsstücke können anschließend noch ausgewrungen und an einem sonnigen Platz an Land ausgebreitet oder an einem Baum zum Trocknen befestigt werden. Wind und Sonne werden das Kleidungsstück dann an heißen Tagen in Windeseile trocknen. Das Verfahren eignet sich natürlich überwiegend in den warmen Monaten.

# 40. Kapitel: Lagerkapazitäten finden und einrichten

Nun wird der ein oder andere Einwände erheben, er habe gar nicht so viel Platz in seiner Wohnung oder seinem Haus, um Vorräte und Geräte für einen Ernstfall sinnvoll aufzubewahren. Aber das stimmt nicht. Nahezu jeder Bewohner dieses Landes verfügt über ausreichend Platz um alle Vorräte unterzubringen. Das Geheimnis liegt darin begründet, dass man den vorhandenen Platz nur effektiv nutzen muss.

*Der durchschnittliche deutsche Mann ist etwa 1,80 m groß. Deutsche Frauen erreichen im Durchschnitt eine Körpergröße von 1,66 m. Bei einer Raumhöhe von etwa 2,50 m bleibt also fast ausnahmslos in allen Wohngebäuden ein großer Volumenanteil ungenutzt. Es ist der Unterschied zwischen Raumhöhe und Körpergröße.*

Schließlich besitzen wir alle nur wenige Schränke oder wenige Regale, die in diesen oberen Rauminhalt hineinragen. Aber wer sich mal zu Hause umsieht jetzt in diesem Moment, der wird feststellen, dass der benannte obere Rauminhalt weitestgehend ungenutzt bleibt. Trotzdem wird er ständig mit Miete oder Ausgaben belastet und mitbezahlt. Eigentlich ja nicht ganz logisch oder?

Wir verfügen also hier sehr wohl über ein enormes zusätzliches Angebot an Platz, den wir nun sinnvoll in unsere Planung mit einfügen sollten. Aus eigener Erfahrung weiß ich, dass man unglaubliche zusätzliche Lagerplatzangebote schaffen kann, indem man an einer beliebigen Seite eines möglicherweise ohnehin nicht ständig genutzten Zimmers, großflächige und bis unter die Decke ragende Regale oder sogar einen kompletten Einbauschrank einbaut. Wichtig ist dabei, wirklich komplett bis unter die Decke zu gehen. Auch sollte das Ganze nicht zu schmal bemessen sein, sondern ruhig großzügig in der Tiefe sein.

Das ungeübte Auge täuscht sich oft bei der Einschätzung über die richtigen Platzverhältnisse. Ganz anders als wir es manchmal annehmen, würde nämlich so ein Einbauschrank oder ein bis unter die Decke ragendes Einbauregal für unseren Komfort kaum Einschränkung mit sich bringen. Weder die Bewegungsfreiheit noch das Platzangebot werden - sofern das Ganze gut gemacht ist - in der Realität irgendwie beeinflusst werden. Viel mehr noch kann es sogar sein, das alles plötzlich wohnlicher und kreativer gestaltet ist als vorher. Es ist ja schließlich ein Unterschied, ob ich mir die ganze Zeit eine weiße Wand angucke oder eine mit viel Kreativität und handwerklichen Geschick hergestellte Vorratswand, die auch dem Auge sehr viel Abwechslung liefert.

**Solche freien Plätze und Ecken kann man überall finden, man muss sich nur zu Hause mal ausführlich umschauen.**

Als erstes hilft es, eine Skizze anzufertigen, wie man sich das Ganze ungefähr vorstellt. Als nächstes folgt die Einkaufsliste des Materials, für alle die, die es selber realisieren wollen. Hierzu ist allerdings einiges an handwerklichem Geschick und Erfahrung notwendig, so dass man weiterhin die Möglichkeiten hat, auf vorgefertigte Lösungen, also zum Beispiel stabile Schwerlastregale oder auf die fachkundige Hilfe eines Tischlers zurückzugreifen. Ein guter Tischler wird sofort den eigenen Plan verstehen und perfekt umsetzen können. Allerdings ist dies ganz sicherlich eine Kostenfrage und wird nicht ganz günstig sein. Wer sich berufen fühlt, der kann sowas selbstverständlich mit allen Mitteln die der Baumarkt liefert selber umsetzen. *Do it yourself* Ratgeber gibt es hier zuhauf, mit Hilfe derer man sich auch noch mal im Detail schlau machen kann. Vielleicht gibt es aber auch jemanden in deinem Freundes- oder Familienkreis, der so etwas gut kann und dem du dann als Gegenleistung ebenfalls bei irgendetwas behilflich sein kannst.

Auf diese Weise könnte man auch gleich den bargeldlosen Tauschhandel durch Dienstleistungen einüben (siehe Kapitel Tauschhandel). An anderer Stelle in diesem Buch hatte ich ja bereits darauf hingewiesen, wie hilfreich es sein kann, wenn man jetzt schon mit dem Networking für Krisenzeiten beginnt. Auch das wäre ein guter Anlass, um damit zu beginnen.

Wie gesagt, finden sich Orte für solche mittleren Umbaumaßnahmen überall in der Wohnung und im Haus. Das kann eine freistehende Zimmerseite sein oder ebenfalls ist es möglich, in der Hälfte eines Schlafzimmers oberhalb des Bettes eine Zwischenebene durch den Raum zu ziehen. Selbstverständlich soll diese so konstruiert sein, dass sie sehr hohen Belastungen standhält. Auch hierfür gilt dasselbe Prinzip: Den Raum oberhalb des Bettes nutzen wir in der Regel gar nicht, weil wir im Bett ja nicht stehen sondern liegen. Eine Zwischenebene die bei Höhe 1,25 m beginnt, würde uns beim Schlafen also kaum stören. Oberhalb dieser Zwischenebene können wir dann etliche Vorräte lagern.

Zum Beispiel könnten dort 20 EPAs, Kanister mit Wasser oder Dosennahrung gelagert werden. Wenn man jetzt noch einen Vorhang davor zieht, dann hat man am Ende einen schönen Abschluss und das Vorratslager optisch kaschiert.

Man kann es auch umgekehrt halten und schläft oben in einem Hochbett und das Vorratslager ist unten.

Selbiges gilt für ein Kellerabteil. Auch hier kann man durch geschickte Konstruktionen die bis unter die Decke gehen und eine geräumige Tiefe aufweisen, einen erheblichen Zuwachs an Volumen und Stauraum erzeugen. Solche Lager lassen sich auch auf der Terrasse, dem Balkon oder in einem Gartenhäuschen einrichten. Wichtig ist dabei nur, dass die gelagerte Ware möglichst kühl, trocken und schattig gelagert werden kann.

In anderen Ländern dieser Erde ist es gang und gäbe, dass man seine ebenerdige Wohnung oder eine Garage dafür nutzt, um einen unterirdischen Keller anzulegen. In Russland habe ich selber einmal einen solchen unterirdischen Keller unterhalb einer ganz normalen Autogarage besichtigt. Hier waren viele Lebensmittel kühl eingelagert worden als Notfallreserve oder als improvisierte Vorratskammer. Hier können selbst im Sommer Lebensmittel kühl gelagert werden. Sehr interessant bei Ausfall der Kühlschränke. Eigentlich hat das Ganze schon ein bisschen den Charme eines Geheimverstecks.

Im Extremfall münden solche Ideen im Bau eines Bunkers, der dann für die gesamte Familie über mehrere Monate ein sicherer Zufluchtsort sein kann. Solche Bunker sind in den USA etwas völlig Normales, wobei der Größe und dem Umfang überhaupt keine Grenzen gesetzt sind. Aber auch in Deutschland und in Europa halten diese von professionellen Firmen aufgestellten Bunker immer mehr Einzug. Am Ende ist dies aber ganz sicher eine Geldfrage und nur von wenigen Bürgern ohne weiteres realisierbar, was auch gar nicht notwendig ist. Trotzdem ist es interessant, sich auch mit dieser

Idee auseinanderzusetzen, denn der Platz unter der Erde bleibt ja meistens völlig ungenutzt.

# 41. Kapitel: Schwerlastregale und Transparentboxen

Ansonsten empfehle ich uneingeschränkt günstige Schwerlastregale. Diese sind sehr leicht im Handel zu erhalten, schnell aufgestellt, sie können mit der Wand und dem Boden verschraubt und damit zusätzlich stabilisiert werden (was ich wegen der Standsicherheit unbedingt empfehle) und sie können mit extremen Gewichten belastet werden. Sie halten sozusagen bombensicher. Weiterer Tipp: **Alle Fächer des Schwerlastregals komplett vollpacken.** Es wäre ja Quatsch, wenn man ein Regal hat, dessen einzelnes Fach 100 kg oder mehr tragen kann und man dann nur ein paar Haferflocken-Packungen reinstellt. Also bitte bis zu Unterkante vollpacken und jeden Zentimeter Raumangebot nutzen.

Als Anhalt dafür kann die Stellweise in Supermärkten dienen. Hier ist es ja auch üblich, dass alle Regale stets zentimetergenau vollgepackt sind und kaum Raum ungenutzt bleibt.

Hat man viele Kleinteile unterzubringen oder Minivorrats-Gegenstände, dann hilft ein weiterer Trick weiter: Im Baumarkt gibt es die bekannten **Aufbewahrungskisten aus Kunststoff**. Ideal sind die transparenten, weil man dann auch von außen jederzeit schon erkennen kann, was sich innen befindet. Man muss also nicht erst Kiste für Kiste öffnen. Zusätzlich hilft natürlich eine Beschriftung immer weiter. Diese Kunststoffkisten gibt es freundlicherweise in allen Größen, also von Mini bis XXL. So können Kleinteile sinnvoll jeweils in Kisten reingelegt werden und diese wiederum passen sehr platzsparend in die Regale. Wenn ich was aus dieser Kiste benötige, ziehe ich diese aus dem Regal heraus und kann auch gleich die Kiste woanders hin verbringen. Das wiederum macht den schnellen Transport oder auch gegebenenfalls den Notfalltransport sehr einfach.

Unser Lagerungssystem jedenfalls ist eine Kombination aus Schwerlastregalen und eben diesen transparenten Kunststoffboxen. Weiterer Effekt der Boxen: Es gibt zu jeder Box einen passenden Deckel und der wiederum bewirkt das Lebensmittel zusätzlich vor kleinen Hausbewohnern wie Insekten oder aber auch eingelagerte Kleidungsstücke vor Motten oder Schimmelbefall beschützt werden.

# 42. Kapitel: Notstromaggregat und Powerbank

Mittels Stromerzeuger kann jedermann zu Hause oder unterwegs elektrischen Strom produzieren. Diese Geräte sind in jeder Preisklasse erhältlich und auch für den kleinen Geldbeutel sind brauchbare und ausreichende Geräte verfügbar. Das fängt tatsächlich schon bei etwas mehr als 100 € an. Dafür bekommt man einen benzinbetriebenen Stromerzeuger, der tatsächlich 230 Volt liefert, wie man sie normalerweise aus der Steckdose beziehen würde. Damit lassen sich dann auch wieder Haushaltsgeräte, Beleuchtung, Ladegeräte und so weiter zumindest für einen begrenzten Zeitraum im Notbetrieb betreiben.

Selbstverständlich ist das nur ein Notersatz. Man wird niemals alle Geräte betreiben können, die man normalerweise gleichzeitig betreibt. Man hat aber eine oder mehrere Steckdosen verfügbar, um in einem begrenzten Zeitraum elektrische Geräte betreiben zu können. Eben nur so lange, wie der Erzeuger läuft.

Das Praktische daran ist auch, dass die kleineren Stromerzeuger so handlich sind, dass sie überall mit hingenommen werden können. Also auch in Fahrzeuge verladen werden oder in der Natur mitgeführt werden können, wenn zum Beispiel im Garten oder im Wald elektrischer Strom benötigt werden sollte. Was dafür außerdem notwendig ist, ist der entsprechende Bedarf ein Diesel oder Benzin, also Treibstoff, der separat in ausreichender Menge gelagert werden muss.

## Nachteile des Stromerzeugers

So schön das Ganze auch ist, der Wert solcher Stromerzeuger ist dennoch begrenzt. Sie sind super geeignet, um für ein oder zwei Verbraucher Strom zu erzeugen. In dieser Zeit wird allerdings Kraftstoff verbraucht, die Dinger sind mitunter auch laut und erzeugen Abgase nach außen die abgeführt werden müssen. Ist der Stromerzeuger aus, weil der Kraftstoff verbraucht ist, gehen auch alle angehängten Verbraucher wieder aus. Es handelt sich also tatsächlich um einen Notstromerzeuger.

Wir müssen uns von der Vorstellung lösen, dass wir die heimische Elektrik durch einen Stromerzeuger am Laufen halten könnten. In der Tat wird auch das nicht der Fall sein, sondern wir können immer nur einzelne Geräte und auch nur zeitlich begrenzt damit betreiben, denn niemand möchte seinen Stromerzeuger rund um die Uhr laufen lassen. Ob man diesen Nutzen wirklich haben muss, das kann jeder für sich selber und seine Ansprüche entscheiden.

**Unbedingt lebensnotwendig ist ein Stromerzeuger jedoch nicht.**

Trotzdem gibt es natürlich schöne Anwendungsmöglichkeiten für den Stromerzeuger und es schadet nicht, das Teil da zu haben. Auch und zumal ein portabler Stromerzeuger schnell ins Auto geladen ist und man dann auch unterwegs Strom zapfen kann.

## Powerbanks und Powerstations

**Kommen wir zum nächsten Highlight**: Den sogenannten **Powerbanks** oder **Powerstations**. Nicht in jeder Stadtwohnung wird es nämlich ohne weiteres möglich sein, ein mit Diesel oder Benzin betriebenes Stromaggregat betreiben zu können. Wer dennoch ein paar seiner kleineren Geräte mit Strom versorgen will, der kann sich eine Powerstation zulegen. Sie funktioniert nach dem Prinzip einer Autobatterie und hat zahlreiche Anschlüsse für verschiedene Funktionen bereits fest integriert. Einmal aufgeladen können Sie lange gelagert werden und bieten dann sicheren Strom von der Batterie für kleinere Anwendungen.

Damit werde ich natürlich ebenfalls nicht meine gesamte Hauselektrik absichern können. **Die Powerstations sind gedacht für Handys, Radios, kleinere Lampen oder natürlich für das Aufladen sämtlicher Akkus für Taschenlampen, Kopflampen und so weiter.**

Ich kann nicht nur meine **Akkus aufladen**, sondern auch die von Freunden oder Nachbarn. Damit habe ich ein **begehrtes Tauschgut** und kann mich schnell als **Dienstleister** ins Gespräch bringen, der den ein oder anderen Taschenlampen-Akku oder das ein oder andere Handy schnell aufladen kann. Im Gegenzug kassiere ich vielleicht ein Kilo Mehl einen Liter Milch oder dergleichen. Das ist doch was!

Die Powerstations verfügen über **USB Anschlüsse** und auch **Solarpanele** lassen sich vereinzelt anschließen. Das ist natürlich eine super Erweiterung, denn die Sonne scheint auch bei einem Blackout verlässlich weiter. Man kann also auf diesem Weg nach und nach die Powerstation durch das Sonnenlicht wieder aufladen, was ebenfalls ein toller Vorteil ist.

**Weiterer Vorteil:**

Die Stationen sind fast **wartungsfrei** und müssen nicht wie ein Stromerzeuger repariert, gewartet und überprüft werden. Du schaltest sie an und aus und das war's. Auch gibt es keine Abgase, wie bei den Stromerzeugern. Sie sind damit zunächst mal **weniger gefährlich**. Sie sind **für Wohnräume** auch in Städten bestens **geeignet**.

# 43. Kapitel: Stirnleuchten und Kopflampen

Das Thema Licht und Beleuchtung ist ein wichtiger Punkt in der Krisenvorbereitung. Alltäglich sind wir es gewohnt, in jedem Raum egal wo wir uns bewegen und auch in der Öffentlichkeit genügend Licht zu haben. Wir betätigen einfach einen Lichtschalter und es wird hell.

Bei Stromausfall wird dies nicht funktionieren. Das heißt, alle Räume sind nachts und in der dunklen Jahreszeit dunkel und bleiben dies auch. Auch werden wir sicherlich nicht in jedem Raum nun eine Kerze aufstellen wollen wegen der Brandgefahr. Insbesondere betrifft dies die Kinderzimmer. Als weitere Alternative könnten wir mittels Stromerzeuger Strom herstellen und darüber einige Leuchten betreiben. Ist dies wirklich sinnvoll? Im Grunde nein. Denn so viel Licht brauchen wir im Notfall gar nicht. Worauf es vielmehr ankommt ist, dass wir uns mit Licht im Dunkeln bewegen können und dass wir immer dort wo wir gerade sind, ein Licht verfügbar haben.

Was jedem hierbei sofort in den Sinn kommt, ist natürlich die altbewährte Taschenlampe. Nun ist es aber, dass wir die Taschenlampe immer in einer Hand haben müssen, was mit der Zeit auch ganz schön lästig werden kann. Außerdem habe ich dann eine Hand nicht mehr frei, die ich aber eigentlich für etwas anderes benötige. Lege ich die Taschenlampe weg, um irgendwas zu reparieren, dann muss ich erstmal das Licht ausrichten oder die Taschenlampe rollt mir weg. Alles ziemlich umständlich. Doch es gibt eine geniale Lösung: Die Kopf- oder Stirnlampe.

Die Kopf- oder Stirnlampen kommen ursprünglich aus dem Bergbau und werden auch schon seit geraumer Zeit von alpinen Kletterern benutzt. Die Vorteile sind klar:

- ✓ Ich habe jederzeit beide Hände frei.
- ✓ Das Licht leuchtet automatisch immer dahin, wo ich hin schaue.
- ✓ Die Lampe sitzt fest am Kopf und geht damit auch kaum verloren.
- ✓ Die Teile sind oft federleicht und selbst im ausgeschalteten Zustand nehme ich sie kaum wahr.

Idealerweise kann ich solch eine Stirnleuchte also bei Eintritt der Dunkelheit aufsetzen und habe somit für den Zeitraum in dem ich aktiv sein will, immer ein Licht da, wenn ich es brauche. Wenn ich es nicht brauche, kann ich es abschalten.

Moderne Stirnlampen haben außerdem verschiedene Modi, die es mir erlauben den Stromverbrauch einzuteilen.

**So reicht bereits die Leuchtkraft von 1 Lumen aus, um im Notfall ein kleines Licht zu nutzen. Bei diesem geringen Stromverbrauch kann ein ordentlicher Akku eine professionelle Stirnlampe sogar mehrere Wochen lang betreiben (Dauerbetrieb).**

Umgekehrt gibt es aber auch für spezielle Fälle, wie eine schnelle Fahrt auf dem Fahrrad oder einen Notfall ein sehr grelles und helles Licht, mit dem ich schnell bis zu 100 Meter ausleuchten kann.

Es lohnt sich hier auf jeden Fall zu einer professionellen und hochwertigen Variante zu greifen, denn diese Investition wird sich schon jetzt auszahlen. Ich habe es mir beispielsweise zu Angewohnheit werden lassen, dass ich bei Reparaturen im Haus oder am Auto anstatt einer Stableuchte immer mit der Kopfleuchte arbeite. Das Licht leuchtet dann automatisch immer dahin, wo ich ohnehin meinen Fokus habe. Die Arbeiten gehen superleicht von der Hand und ich bin viel schneller fertig. Ich nutze diese Stirnlampe jetzt schon täglich und sie ist nicht nur für den Blackout angeschafft worden.

Auch sämtliche Outdooraktivitäten lassen sich damit sinnvoll bereichern. **Richtig gute Lampen verfügen deshalb auch über ein Rotlicht**, mit dem man sich beim professionellen Survival viel unauffälliger im Gelände bewegen kann, als mit dem grellen Weißlicht.

Und sogar im Rahmen der **Selbstverteidigung** kann die Lampe verwendet werden. **Ultra starkes Weißlicht** kann nämlich einen potenziellen Angreifer so sehr blenden, dass dieser es schwer hat, seinen Angriff weiter auszuführen. Er würde in seinem Angriffsschwung gehemmt werden und sein Ziel möglicherweise verfehlen. Das wiederum verschafft mir die Möglichkeit im Rahmen der Notwehr sinnvoll zu handeln und zur Gegenwehr auszuholen. Alles schon selber mehrfach ausprobiert!

In Hinblick auf die Powerstation (Kapitel 42), lassen sich solche Stirnlampen mit Akku wunderbar und lange wieder aufladen. Auch bei Abriss der normalen 230 Volt Stromversorgung aus der Steckdose. **Powerstation und Stirnlampe sind also eine hervorragende Kombination**, um für sich und für die Familie einen sinnvollen Lichtersatz im Falle eines Blackout sofort und lange bei der Hand zu haben. Es sind meist die einfachen Lösungen die zum Erfolg führen. Oder wie man beim Militär sagt:

## „Nur das Einfache hat Erfolg!“

Es bedarf also nicht in jedem Fall eines Stromerzeugers und einer aufwendigen Verkabelung, um das gewünschte Ziel zu erreichen. Natürlich kann man auch die verschiedenen Möglichkeiten miteinander kombinieren, und verfügt dann über mehrere Backup-Lösungen, was wiederum zusätzlichen Schutz und Sicherheit bietet.

# 44. Kapitel: Das Radio

Wer glaubt, dass bei einem Blackout die Radiostationen unbegrenzt weiter senden, der liegt leider falsch. Denn auch die Radiostationen müssen für ihre enorme Sendeleistung einiges an Strom in der Hinterhand haben. Und das geht bei einem totalen Stromausfall eben nur, wenn sie selber über große Stromerzeuger verfügen, die Notstrom bereitstellen. Auch diese werden selbstverständlich über Diesel oder Benzin betrieben und sobald dieser Kraftstoff ausgeht, gehen auch in der Radiostation sämtliche Lichter aus und es kann nicht mehr gesendet werden. Bei den großen Radiohäusern wird davon ausgegangen, dass diese noch einige Tage weiter senden können aufgrund ihrer jetzigen Notbevorratung.

In der Realität ist also davon auszugehen, dass wir zumindest kurz nach dem Blackout über unsere Radioempfänger hilfreiche Informationen erhalten werden, die uns ein besseres Lagebild liefern können.

**Über einen längeren Zeitraum von mehreren Wochen hingegen müssen wir uns wahrscheinlich darauf einstellen, dass nur wenige Stationen und auch nur für begrenzte Zeit überhaupt senden.**

Wir werden dann möglicherweise stundenlang am Radio hocken und alle Frequenzen pausenlos durchspielen, um im Falle des Falles wichtige Meldungen einzufangen. So in etwa kann das Szenario sich in der Realität darstellen.

Die Informationen auf die wir warten sind:

- Hintergrundberichte zu den Umständen und zu der Dauer des Blackouts.
- Anordnungen und Maßnahmen der Regierung und der Behörden und Ämter.
- Hinweise über Verteilzentren, in denen wir Lebensmittel oder Wasser in Empfang nehmen können.

Wir können **nicht** damit rechnen, dass es zu umfangreichen Hilfeaktionen kommen wird, die alle Menschen erreichen. Das wurde an anderer Stelle in diesem Buch bereits ausführlich dargestellt und ist logisch nachvollziehbar. Keine Behörde dieses Landes kann über 80 Millionen Menschen gleichzeitig versorgen. Trotzdem können minimale Informationen dazu beitragen, dass unser Lagebild von den realen Gegebenheiten nach und nach wächst und wir so auch eine gute Grundlage für unsere eigene Planung erhalten.

**Informationen sind im Blackout ein wertvolles Gut, das es zu nutzen gilt.**

Die simpelste und einfachste Möglichkeit für alle Autobesitzer ist es, das batteriebetriebene **Autoradio** zu nutzen. Die Autobatterie liefert genügend Strom, um so ein Radio doch einige Zeit lang betreiben zu können. Wem das zu umständlich ist, der legt sich eben ein mit Batterien betriebenes Radio zu oder er denkt gleich an ein Kurbelradio, das komplett ohne Batterien auskommt.

**Bitte an einen umfangreichen Vorrat an Batterien, Akkus und Lademöglichkeiten denken.** Man kann hiervon gar nicht zu viel haben und wenn man doch mal zu viel hat, dann eignen sich diese hervorragend als Tauschgegenstände (siehe hierzu Kapitel Tauschhandel).

Bereits für weniger als 10 € kann man ein absolut taugliches, batteriebetriebenes, kleines Radio erwerben, welches die wichtigsten Frequenzen einfängt.

### Kurbelradios

Kurbelradios mit entsprechenden Ausführungen sind ebenfalls ein Highlight. Ausschließlich durch die Kurbel wird der innenliegende Akku wieder aufgeladen, sodass man damit einige Zeit lang Radio hören kann. Bei ausgeklügelten Kurbelradios gibt's gleich noch eine Taschenlampe mit dazu und verschiedene Anschlüsse (u.a. USB), um das Gerät auch als Powerbank zu nutzen. Weiterhin ist darin manchmal auch noch sogar ein Mini-Solarpanel verbaut zur Stromerzeugung. Also sozusagen ein Mini-Stromerzeuger inklusive. Eine weitere schöne Backup-Lösung in Reserve.

Ein solches Kleinradio gehört auf jeden Fall in die Blackout Grundausstattung, einfach um wichtige Informationen im Notfall mitzubekommen.

# 45. Kapitel: Ein richtig guter Rucksack ist Pflicht

Neben vielen Ausrüstungsgegenständen, die im Bereich Outdoor, Prepping, Bushcraft und Survival von hohem Nutzen sind, zählt ein richtig guter Rucksack zu den wichtigsten. Meiner Meinung nach ist er sogar der wichtigste Gegenstand. Einen Rucksack benötige ich nicht nur zum Wandern, für Outdoor-Aufenthalte oder als Fluchtrucksack. Einen Rucksack kann viel mehr.

Einen guten Rucksack kann ich im Grunde genommen ständig in meinen Alltag mit einfließen lassen und kann ihn als perfekte Tragehilfe verwenden beim Einkaufen, bei der Arbeit oder in der Freizeit. Ich habe dann immer alle Hände frei und das Gewicht lässt sich bequem transportieren. Ich selber habe es mir schon vor vielen Jahren zu Angewohnheit werden lassen, meinen Rucksack im Grunde genommen zu allen Unternehmungen mitzunehmen und immer alles Wichtige dort einzupacken.

Da ich viel mit dem Fahrrad unterwegs bin, befinden sich darin aktuell:

- Werkzeuge / Flickzeug fürs Bike
- Nässeschutzjacke
- Ersatzhandschuhe und Mütze
- Gefüllte Wasserflasche
- Spannriemen
- Fahrradpumpe
- Rucksacküberzug für Nässe
- Rotes Rücklicht

* Ersatzakkus für Stirnleuchte

Ich brauche dann nicht verschiedene Taschen und ich vergesse auch nichts, weil sich alles immer nur in dem einen Rucksack befindet. Es gibt noch massig Stauraum für diverse Anlässe. Ich trage den Rucksack wirklich jeden Tag. Er ist für mich wie eine zweite Haut geworden.

Wenn Du jeden Tag einen Rucksack trägst, profitierst du aber von weiteren Vorteilen:

1. Du gewöhnst dich schneller an das Tragegefühl. In einer Krise oder einem Katastrophenfall wird es für dich nachher keine Überraschung mehr sein, wie sich das Tragen des Rucksacks auch unter voller Beladung anfühlt.

2. Der Rucksack federt Stöße / Schläge oder kleinere Unfälle ab. Das hat mich schon bei so manchem Fahrradsturz am Rücken gut geschützt.

3. Aber auch im Rahmen der Selbstverteidigung kann der Rucksack als Abwehrschild genutzt werden, um Messerangriffe o.ä. abzufangen. Dazu kannst du den Rucksack nach vorne zwischen dich und den Angreifer bringen (Schutzschild).

4. In einen guten Rucksack lässt sich eine Trinkblase verstauen (Camelback o.ä.).

Die Kapazitäten richtig guter Rucksäcke können enorm sein. Bis zu 10 kg Zuladung sollten eine Selbstverständlichkeit darstellen. Professionelle Rucksäcke schaffen aber noch viel mehr. Wir haben gleich mehrere gute Rucksäcke zu Hause, die uns stets gute Dienste leisten (Marke *Osprey*). Meine XXL Ausführung mit breitem und stabilem Beckengurt schaffte bei einem Alpen-Survival knapp 30 kg Zuladung, die ich dann den Berg hinauf geschleppt habe. Für mich war das eine nette Gepäck-Trage-Übung, bei der ich auch feststellen wollte, wo meine persönlichen Grenzen liegen, aber auch wo die Grenzen des Rucksacks erreicht sind. Ich kann berichten, dass ich mit meinem Material hoch zufrieden gewesen bin (und mit mir auch).

*„Wir hatten bei diesem Alpen-Event fast schon Expeditionsausrüstung dabei in Form von Drei-Mann-Zelt, Schlafsäcken, Kochgeschirr, Wechselkleidung, Wechselschuhe, großer Spaten, Angelsachen, Verpflegung für eine Woche, Axt, Astsäge, Brennstoffe, Zeltbahn, Regenschutz, und vieles mehr (Gesamtgewicht 30kg in einem Rucksack)".*

Mithilfe dieses Materials haben wir uns unterwegs schnell behelfsmäßige Unterkünfte erstellen können und wir hätten auf diese Weise locker Wochen und Monate selbst unter widrigsten Bedingungen durchhalten können. Das ist allerdings ein extremes Beispiel und nicht jeder wird sofort aus dem Stand heraus in der Lage sein das leisten zu können. Es zeigt aber, wohin die Reise gehen kann und warum ein sehr guter Rucksack wirklich Gold wert ist.

Bei der Durchsicht vieler Survival- und Prepping-Ratgeber, aber auch diverser YouTube-Kanäle vermisse ich in puncto Rucksack eine wichtige Tatsache:

**Du kannst nicht einfach irgendeinen Rucksack daher nehmen, den schwer beladen und meinen, dass du damit weit kommst.**

Bei der Rucksackqualität und beim Tragekomfort gibt es enorme Unterschiede. Vergiss bitte an dieser Stelle Billig-

Rucksäcke, die zwar toll aussehen, aber anhand des günstigen Preises schon nahelegen, dass es sich nicht um Qualitätsmaterialien und um Qualitätsherstellung handeln kann.

Ein Rucksack der 25 oder 30 € kostet wird dir beim Blackout nur Probleme bereiten, aber keine Freude. Meine zentrale Empfehlung an dieser Stelle lautet deshalb:

**Kaufe dir einmal im Leben einen hochpreisigen Rucksack. Du wirst es vom ersten Tag nicht bereuen, dies getan zu haben.**

Hochpreisig meint ihr irgendwo zwischen 100 und 200 Euro. Zum einen kannst du dieses Ding wie angesprochen sowieso in deinem Alltag fast täglich gebrauchen. Und sei es auch nur um den Einkauf vom nahegelegenen Supermarkt zu Fuß nach Hause zu transportieren. So hast du auch gleich deinen Sport und dein Fitnessprogramm erledigt. Zum anderen wird es von elementarer Wichtigkeit sein, dass du einen Rucksack hast, auf den du dich verlassen kannst, wenn es wirklich mal darauf ankommt.

Denn bei Billig-Rucksäcken können schnell mal Tragegurte oder Riemen abreißen oder Löcher entstehen und dann bringt dir dieser Rucksack überhaupt nichts mehr. Bei **qualitativ hochwertigen Rucksäcken** hingegen hast du dieses Problem nicht. Ich habe verschiedene hochpreisige Rucksäcke in aller Ausführlichkeit und unter Extrembedingungen getestet und bin wirklich immer wieder überrascht bezüglich der **Reißfestigkeit** und der **Zugfestigkeit** der verwendeten Materialien.

Ein weiterer wichtiger Aspekt ist der Tragekomfort. Vollkommen abwegig sind Rucksäcke, die das Gewicht nur auf den Schultern verteilen. Wer einen schweren Rucksack dieser

Bauart mal über ein paar Stunden getragen hat, der weiß wovon ich rede. Nach und nach wird die Durchblutung an den Schultern abgedrückt und die entstehenden Schmerzen wirken betäubend. Das kann man ganz einfach vermeiden durch einen Rucksack mit einem breiten Beckengurt. Hier gibt es verschiedene Systeme, die das Gewicht hauptsächlich auf den Beckenbereich verlagern und nur noch zu einem Teil über die Schultern abstützen.

Weiterhin verfügen moderne Rucksacksysteme über viele Zusatz *Gimmicks* wie zum Beispiel:

- Zahlreiche Netztaschen
- Zusatzschlaufen um weiteres Material außen zu verzurren
- Praktische Wertfächer
- Möglichkeiten um Warnleuchten anzubringen
- Haltegummis für Trekkingstöcke
- Notfallpfeifen
- Reflektierendes Sicherheitsmaterial und vieles mehr

Sie halten außerdem Wasser ab und sie verfügen über eine extra Nässeschutzplane, die passgenau über den Rucksack überzuziehen ist bei starken Regenfällen. Modernes Material saugt sich außerdem nicht randvoll mit Wasser, sondern bleibt selbst bei Regen weitestgehend trocken und die anschließende Trocknung nach dem Regen geht wie von alleine. Es ist hierbei also nicht erforderlich, einzelne Bekleidungsstücke im Inneren des Rucksacks weiterhin aufwendig in Plastiktüten oder dergleichen einzupacken.

Auch wenn es auf den ersten Blick nicht ganz notwendig erscheint bei einem Blackout gleich an einen Rucksack zu denken, so rate ich vor dem Hintergrund der Gesamtsituation doch zum Kauf eines solchen. Wie schon gesagt, kannst du dieses Teil ohnehin in deinem Alltag immer gut gebrauchen oder auch im Urlaub gut verwenden. Da aber beim Blackout die meisten motorisierten und elektrischen Fortbewegungsmittel nicht mehr verfügbar sein werden, sind wir viel mehr als jetzt auf unsere Muskelkraft angewiesen. Wir werden uns also auf Fahrrädern oder ganz klassisch zu Fuß bewegen:

- Um gesammeltes Brennholz nach Hause zu befördern.
- Um Tauschgüter zu transportieren.
- Um Versorgungsgüter an einem Verteiler aufnehmen zu können.
- Um Schmutzwäsche am Fluss grob reinigen zu können
- Und für viele Sachen mehr.

Der Rucksack kann hier dein ständiger Begleiter sein und gewährleistet dir, dass du auch größere Lasten bequem tragen kannst und dabei immer deine Hände frei hast.

# 46. Kapitel: Fluchtrucksack – Warum?

## Ukrainekrieg:

*Das elementar Wichtige an einem optimalen Rucksack ist mir kürzlich wieder bewusst geworden, als ich die Bilder der flüchtenden Menschen in der Ukraine im Fernsehen gesehen habe. Tausende, nein sogar Hunderttausende waren unterwegs mit Einkaufsbeuteln oder Reisetaschen, die sie in beiden Händen hatten oder die unbequem und unpraktisch über die Schulter gehängt waren. Auf diese Weise ist es kaum möglich, längere Märsche zu bewältigen. Die Menschen waren schlicht komplett unvorbereitet, was ihre Transportmöglichkeiten angeht. In den seltensten Fällen habe ich in den Fernsehbildern Personen gesehen, die einen großen Trekkingrucksack getragen haben, so wie es ihn heute überall zu kaufen gibt. Dieser hätte eine Flucht aber enorm erleichtert.*

Der Vorteil liegt doch auf der Hand: Du kannst dein wichtigstes *Hab und Gut* bequem verpacken, angenehm tragen und hast die Hände frei, um mögliche Barrikaden und Hindernisse besser überwinden zu können. Erst in einer solchen absoluten Notsituation wird deutlich, warum eine gute Vorbereitung auch im Detail lebensrettend sein kann und was ein guter Rucksack leisten kann.

Und auch hierzulande macht das Thema *Fluchtrucksack* nach und nach die Runde. In den sogenannten Fluchtrucksack packe ich alle die Dinge ein, die ich für ein Überleben in der freien Natur benötige. Das sind mit Sicherheit ein Zelt, ein Schlafsack, ein Kochgeschirr, eine Erste-Hilfe-Ausrüstung und einiges mehr. Ich muss mich darauf einstellen, dass ich eine ganze Zeit lang mit Hilfe dieser Gegenstände unter freiem Himmel zurecht kommen muss, dass ich dabei möglicherweise hunderte von Kilometern marschieren muss, dass ich dabei unentdeckt und getarnt sein sollte, dass ich selber in der Lage bin, den richtigen Weg zu ermitteln, dass ich mich im Notfall zweckmäßig verteidigen muss und einiges mehr.

Zu diesem Thema empfehle ich das hervorragende Buch des Ex-Elitesoldaten **Mads Krüger**:

**Überleben! In Zeiten von Krisen, Katastrophen und Chaos - Bist Du bereit?**

**Das ultimative Handbuch für Prepping, Survival, Bushcraft und Outdoor (Hamburg 2021)**

Der Autor war früher ebenfalls bei den Spezialkräften und garantiert, dass alle seine dargestellten Verfahrensweisen krisen- und sogar kriegserprobt sind. Er stellt sehr ausführlich erprobte und bewährte Ausrüstungsgegenstände vor, für die er selber seine Hand ins Feuer legen würde. Wer also genau wissen will, was *wirklich* alles in einen Fluchtrucksack hineingehört und wie man sich bei einer Flucht optimal verhält, der ist bei diesem Buch wirklich an der ersten Adresse.

Zum Abschluss noch ein passender Hinweis: Anders als andere Prepping-Ratgeber es manchmal nahelegen, brauchst du nicht fünf verschiedene Rucksäcke für die verschiedenen Einsatzszenarien. Viel besser ist es, wenn du *einen* sehr hochwertigen Rucksack hast, der genau auf dich und deine Bedürfnisse abgestimmt ist. Diesen Rucksack verwendest du am besten täglich, um dich an seine Funktionsweisen und an sein Tragegefühl zu gewöhnen. Natürlich ist das dann auch dein Fluchtrucksack, in den du deine Fluchtmaterialien im Falle des Falles in wenigen Minuten einpacken kannst.

Meine Materialien jedenfalls stehen in einem Regal so griffbereit, dass ich sie in wenigen Sekunden bereits in meinen Rucksack eingepackt habe. Das geht sogar bei eingeschränkter Sicht oder sogar bei völliger Dunkelheit. Was ich dafür nicht benötige, ist ein fertig gepackter Rucksack, der am Ende nur rumsteht und unbenutzt bleibt. Ich persönlich halte es für wichtiger, meine Materialien zwischendurch auch immer wieder in die Hand zu nehmen, deren Funktionsfähigkeit zu überprüfen und weitere Erfahrungen zu sammeln. Wenn ich es muss, kann ich in Windeseile reagieren und mich entsprechend verhalten.

Schöner Nebeneffekt beim täglichen Rucksacktragen: Ich laufe fast immer mit ein paar zusätzlichen Kilo Gewicht durch die Gegend. Andere Leute benötigen dafür eine Trainingsweste oder Trainingsgewichte. Ich trage meinen Rucksack. Selbstverständlich hat dies auch einen Effekt auf meine Fitness und meine Gesundheit. Schließlich trainiere ich mehr als Nebeneffekt hier meine Kraftausdauer mit. Ganz nebenbei und unbemerkt werde ich so fitter und fitter.

Das abschließende Credo lautet also:

**Gönne dir einen hochwertigen Rucksack, der ab sofort dein bester Freund wird.**

# 47. Kapitel: Wichtige Geräte für zu Hause

Weitere wichtige Geräte für zu Hause, für die es in jeder Krise immer eine Verwendung geben wird, sind Werkzeuge jeder Art. Im Idealfall richtest du dir jetzt schon eine **kleine Werkstatt** ein, mit der du auch jetzt schon arbeiten kannst, die aber in Krisenzeiten ein großer Goldschatz sein kann. Vielleicht bist du ja auch bereits hier gut ausgerüstet und verfügst bereits über eine Werkbank mit entsprechenden Werkzeugen. Solch eine Mini-Werkstatt kann ich sehr leicht im Keller oder in einer Garage unterbringen. Es reicht bereits eine kleine aber stabile und belastbare Werkbank aus.

Bei der Anschaffung einer solchen Werkbank kann man auch durchaus improvisieren, um ein bisschen Geld zu sparen. So haben wir eine XXL Regentonne im quadratischen Format genutzt und haben eine alte Tischplatte obendrauf gepackt. Das Ganze steht bombenfest und bietet ausreichend Fläche für alle möglichen Arbeiten. Außerdem hat die Regentonne sehr viel Stauplatz, um Vorratssachen dort unterzubringen. Es muss also nicht die teure Werkbank aus dem Baumarkt sein.

Ein kleiner oder auch ein mittlerer Vorrat an Werkzeugen und Materialien sind preislich heutzutage wirklich für jedermann erschwinglich. Die Möglichkeiten die sich daraus ergeben, sind enorm. Denken wir zum Beispiel an **Hammer und Nägel**. Oder denken wir an eine gute **Handsäge** oder denken wir an ein gutes Sortiment an verschiedenen **Schraubschlüsseln** oder an **Schraubenzieher** jeder Größe. Und denken wir auch an eine gute **Zange**. Solche Sets sind selbst in Profiausführung preislich absolut erschwinglich und einmal gekauft halten sie im Grunde genommen ein Leben lang.

Ich persönlich empfehle, zu hochwertigen Produkten zu greifen, so hast du von Beginn an Spaß bei jeder Arbeit und benutzt dieses Werkzeug wirklich ein Leben lang. Ich kann mich nicht daran erinnern, dass eines meiner hochwertigen Werkzeuge irgendwann einmal kaputt gegangen wäre. Der Nutzen den ich hieraus gezogen habe war enorm. Weil ich alles selber reparieren kann, bin ich vollständig autark und auf keinen Handwerker mehr angewiesen. Ganz im Gegenteil kann ich meine **Fähigkeiten** im Blackout-Fall sogar noch anderen **anbieten** und im Gegenzug dazu Tauschgüter, Geld oder Wertgegenstände abkassieren.

Wenn du heute schon anfängst, das Werken für dich als Hobby zu entdecken, dann wirst du bereits jetzt wichtige Erfahrungen sammeln, was man wie reparieren kann. Hier ist noch kein Meister vom Himmel gefallen und jeder Anfänger macht seine Erfahrung. Doch du wirst sehen, dass du sehr schnell viel besser wirst und plötzlich Dinge kannst, für die du früher fremde Hilfe benötigt hast.

**Merke: Nichts ist besser, als wenn man sich selber helfen kann.**

Auch Handwerker werden beim Blackout nicht mal eben vor Ort sein können und auch sie werden dringend an anderer Stelle benötigt. Versuche also, dir eine kleine Werkstatt aufzubauen und trainiere Reparaturarbeiten schon jetzt. Spätestens beim Blackout aber auch in jeder anderen Krise wirst du von diesen Fähigkeiten enorm profitieren können.

Allen anderen, die das Thema schon auf dem Schirm hatten, kann ich nur gratulieren. Sie wissen genau wovon ich rede und sie wissen auch, wie extrem befriedigend es sein kann, wenn man sämtliche Arbeiten zu Hause perfekt selber erledigen kann. Es fühlt sich einfach gut an, das Werk seiner eigenen Hände bestaunen zu können. Man fühlt sich erhaben und nicht mehr abhängig von der Gunst anderer Leute oder von anderen Umständen. Jeder ordentliche Prepper ist ein solcher **Machertyp** und weiß sich immer zu helfen. Mit dem richtigen Werkzeug und den richtigen Materialien geht das dann noch einfacher.

# 48. Kapitel: Selbstverteidigung - Grundlagen

Das Thema Selbstverteidigung darf nicht außer Acht gelassen werden. Wer sich bereits mit dem Thema auseinandergesetzt hat, der ist natürlich gut dran, aber auch für alle Anfänger gilt, dass man sehr schnell ein Basiswissen und Basisfähigkeiten aufbauen kann, die einem im Ernstfall sehr weiterhelfen können. Dazu jetzt gleich mehr.

Beim Thema Selbstverteidigung gilt der Grundsatz:

*Besser du verfügst über Fähigkeiten, die du nie zum Einsatz bringen musst, als wenn du diese Fähigkeiten nicht besitzen würdest und kommst aber in eine brenzlige Situation, in der du oder deine Familie stark gefährdet werden.*

Wer sich ausreichend auch mit dem Thema Selbstverteidigung jetzt schon beschäftigt, der wird außerdem ruhiger und entspannter sein können, denn er wird auch in einer gefährlichen Situation wissen was zu tun ist.

Ein weiterer wichtiger Grundsatz ist schon mehrere tausend Jahre alt:

*Der beste Kampf ist der, der gar nicht erst gekämpft werden muss.*

Das bedeutet im Umkehrschluss, dass du nicht jede Konfliktsituationen nutzen solltest, um daraus eine Kampfsituation zu machen. Bedenke hierbei unbedingt, dass jeder Kampf auch bei dir seinen Tribut fordern wird und zu Verletzungen oder sogar zum Tod führen kann, wenn es dumm läuft. Es ist also immer besser, einem Kampf aus dem Weg zu gehen und mit **psychologischem Geschick** trotzdem die Situation für sich zu wenden. Sehr gut geschulte Personen wissen um die Fähigkeiten der psychologischen Manipulation von vermeintlichen Gegnern. Du sollst also zunächst mal im Hinterkopf behalten, dass du die Wut einer aggressiven Person möglichst nicht spiegeln solltest. Wer so handelt, kann ebenfalls sein Gesicht wahren und geht als Sieger aus der Situation hervor und das im besten Fall ganz ohne Kampf.

## Eskalationsstufen

Bei sich anbahnenden Aggressionen gibt es verschiedene Stufen der Eskalation. Menschen die einem wütend, genervt oder lautstark gegenübertreten, haben oft gar nichts gegen einen persönlich, sondern sind aufgrund einer ganz anderen Situation möglicherweise jetzt gerade genervt und deshalb angriffslustig. Das muss also gar nicht zwingend notwendig etwas mit dir zu tun haben.

**Deshalb lautet das Motto in dieser Phase erstmal selber ganz gelassen bleiben und Ruhe ausstrahlen.**

Als körpersprachliche Mittel können

- freundliches Lächeln,
- eine entspannte Körperhaltung
- und das Zeigen der Handflächen

eingesetzt werden, um entspannend beim Aggressor zu wirken.

## Nutze Fragetechniken

Du möchtest gerne wissen was den anderen so aufbrausend macht. Ist mit ihm alles in Ordnung? Du hast keine Ahnung, was sein Problem ist und erkundigst dich freundlich danach. Manchmal hilft das schon, das Eis zu brechen und dein Gegenüber erzählt dann, worum es *eigentlich* geht.

Ein Fehler wäre es, die Energie des gegenüber aufzunehmen und zu reflektieren. Immer wenn das geschieht, eskaliert die Situation und am Ende weiß keiner, worum es eigentlich ging. Also erkundige dich doch erstmal kurz nach der Situation, indem du ein paar Fragen stellst. Deine **Gestik und Mimik** können hierbei unterstützend wirken. Sprichst du in einem **angenehmen und wohlwollenden Tonfall**, so wirkt es außerdem beruhigend auf den Aggressor aber auch auf dich. Am Ende bist du einer Menge Ärger aus dem Weg gegangen.

So lassen sich die meisten der Konflikte im Vorwege erledigen.

Es gibt aber auch Ausnahmefälle, in denen dein Gegenüber kriminelle Absichten verfolgt und es auf dich oder auf dein Hab und Gut abgesehen hat. So könnten du oder deine nächsten Familienangehörigen bedroht werden. Wenn dir aber kein Einzelner sondern gleich eine Gruppe von Bewaffneten gegenübersteht, dann ist entschlossenes und richtiges Verhalten lebensrettend. Du musst dann blitzschnell in der Lage sein, in einen entschiedenen Kampfmodus überzugehen.

# 49. Kapitel: Selbstverteidigung – Die Lage eskaliert

Was sind nun Situationen, in denen du augenblicklich zur Notwehr übergehen musst? Greift dich jemand mit einem Messer an, oder mit einem Stock, hat die Person Axt, Hammer oder Keule bereits in der Hand und geht entschlossen und wutentbrannt auf dich zu oder wirft sie mit gefährlichen Gegenständen nach dir, so besteht unmittelbare Lebensgefahr. Du bist dann berechtigt zur Abwehr dieser lebensgefährlichen Situation unmittelbare Notwehrmaßnahmen anzuwenden, um diese Gefahr für dich zu beseitigen.

Warum ist bei solchen Angriffen entschlossenes Handeln absolut lebenswichtig? Nun anders als wir es aus dem Film kennen, ist die Überlebenswahrscheinlichkeit bei einem oder mehreren Messerstichen in der Realität nur gering. Was im Film so harmlos aussieht und dann in der nächsten Szene schon wieder geheilt ist, führt in der Realität zu schwersten inneren Blutungen, die meist zum Verbluten und damit zum Tod führen. Mit Messerangriffen ist daher überhaupt nicht zu spaßen.

In den allermeisten Ratgebern zum Thema Selbstverteidigung inklusive YouTube & Co wird immer wieder empfohlen, Kampfsport-Techniken, Martial-Arts oder Straßenkampf zu trainieren, um solche Angriffe abzuwehren. Ich persönlich halte diesen Vorschläge für eine große Illusion. Und ich bin dabei sicherlich nicht alleine. Ich habe selber eine ausführliche militärische Nahkampfausbildung von Profis genossen und weiß, wie anspruchsvoll es ist, den Messerangriff eines Gegners selber unbewaffnet abzuwehren. Wenn hier noch

Dunkelheit oder Stress dazu kommen, dann kannst du schnell mal den richtigen Griff verfehlen, bist lebensgefährlich verletzt worden und hast am Ende nichts erreicht.

**Kurzum: Gegen bewaffnete Angreifer helfen Tritte und Schläge und Selbstverteidigungstechniken nur sehr wenig.**

Dies wird vor allem dann klar, wenn einem selber eine **Gruppe von bewaffneten Gegnern** gegenübersteht. Spätestens an dieser Stelle haben selbst die *krassesten Käfigkämpfer* keine Chance mehr, denn selbst wenn der eine Gegner besiegt wird, kommt der nächste Messerangriff von hinten oder von der Seite. So schnell kann im Grunde genommen niemand reagieren.

Die wichtigsten Grundregeln sind deshalb:

1. **Immer davon ausgehen dass ein potenzieller Gegner Waffen mit sich trägt und diese zum Einsatz bringt.**

2. **Immer Abstand zum Gegner halten, mindestens 1,50 m oder mehr.**

Vor allen Dingen durch diese Abstandsregel wird gewährleistet, dass du noch rechtzeitig genug mitbekommst, wenn der Gegner irgendeine Waffe zückt und gegen dich vorbringen will. Du hast dann noch einen Moment Zeit, um zu reagieren. Wenn du zu nah dran stehst, dann fällt diese Möglichkeit weg. Also zunächst mal Abstand halten und diesen Abstand immer aufrechterhalten.

Das heißt nun keinesfalls, dass Kampfsporttechniken völlig überflüssig sind. Ganz im Gegenteil: Kampfsport jeder Art steigert unsere Fitness, unsere körperliche und geistige Reaktionsfähigkeit, ebenfalls unsere Schnelligkeit und härtet uns ab. Kampfsport zu betreiben ist deshalb natürlich eine sehr gute Vorbereitung für alles Mögliche, aber was ich damit sagen will ist: Es reicht eben nicht aus, ein Gelbgurt im Taekwondo zu sein und dann zu denken, dass man alle Schurken dieser Welt damit besiegen kann. Man ist vielmehr auf die Unterstützung von **Distanzwaffen** angewiesen. Dazu gleich mehr.

Selbstverständlich gibt es stichsichere Westen, stichhemmende Handschuhe und noch eine Menge weiterer sinnvoller Dinge, die man in einer kämpferischen Auseinandersetzung gut gebrauchen kann. Aber wer von uns möchte nun ständig mit diesem Zeug durch die Gegend laufen? Insofern müssen wir davon ausgehen, dass wir das in der Regel nicht immer mit uns tragen.

# 50. Kapitel: Selbstverteidigung – Distanzwaffen

Doch wie kann ich nun vorgehen, um einen bewaffneten Gegner auf Abstand zu halten und ihn dennoch erfolgreich in Schach zu halten bzw. zu bekämpfen? Ganz einfach: Ich muss Distanzwaffen nutzen.

Distanzwaffen sind:

- eine scharfe Schusswaffe
- eine Schreckschusspistole
- starkes Pfefferspray (Bearspray)
- ein Schlagstock
- ein Knüppel
- ein Speer
- eine Machete
- Sand und Erde um dem Gegner die Sicht zu nehmen
- oder auch Steine als Wurfgeschosse

Selbst in der Natur finde ich ausreichend Materialien, um solche Waffen im Notfall selber herstellen zu können. **Stichwaffen aus Ästen oder ein Speer** lassen sich durch geeignete Naturmaterialien schnell herstellen. Ein alter Einzelkämpfer-Ratgeber, der noch von den Erfahrungen des Zweiten Weltkriegs gespeist wurde, empfiehlt versprengten Soldaten, sich genau solche improvisierten Waffen herzustellen, um sich den Weg zur eigenen Truppe freikämpfen zu können. Ganz offensichtlich sind diese Verfahren also erprobt.

Es versteht sich von selber, dass es sich hierbei zunächst mal um theoretische Gedankengänge handelt und dass wir bei all unseren Planungen die gültigen Waffengesetze und Verordnungen einhalten müssen. Gleich möchte ich auf dieser Basis exemplarisch einige der verfügbaren Waffen vorstellen.

# 51. Kapitel: Selbstverteidigung – Das deutsche Waffenrecht

Zuvor möchte ich allerdings noch einen kleinen Exkurs zum Thema deutsches Waffenrecht voranstellen. **Zum Thema Waffenrecht gibt es viele Legenden**. Die allermeisten davon sind falsch. Das liegt daran, dass das Waffenrecht in Deutschland für Laien aber sogar für Profis oftmals wenig verständlich und ungenau ist, sodass im Grunde genommen ganz vieles unklar und unbeantwortet bleibt. Aufgrund langjähriger Erfahrungen habe ich mich aber intensiv damit auseinandergesetzt und möchte das komplizierte Waffenrecht für dich auf wenige relevante Punkte zusammenfassen, auf die du dich ab sofort verlassen kannst.

Im Internet selbst auf einschlägigen und seriösen Seiten werden tonnenweise verschiedenste Waffen zur Selbstverteidigung angeboten, die dort käuflich erworben werden können. Es gibt die verschiedensten Messer, Kampfmesser, Macheten, aber auch abgewandelte Waffen, Stromschocker, Kubotane, getarnte Schlagringe und vieles mehr. Hierzu ist Folgendes zu sagen: Es gibt gemäß Waffengesetz **verbotene Waffen**, die überhaupt nicht erworben oder besessen werden dürfen. Das sind beispielsweise Springmesser oder Fallmesser, Wurfsterne, Totschläger oder Schlagringe und einiges weiteres. Eine getarnte Waffe kann beispielsweise ein Messer sein, das in einem Spazierstock versteckt ist. Auch selbstgebaute Waffen wie ein Tennisball in einer Socke mit dem Prinzip des Totschlägers, werden tatsächlich vom Bundeskriminalamt als verbotene Waffe eingestuft.

Jetzt könnte man weiterhin die Frage stellen, warum verbotene Waffen im Internet überhaupt angeboten werden können. Diese Frage ist gut und bleibt letztlich unbeantwortet. Möglicherweise hängt es damit zusammen, dass in anderen Ländern andere Gesetze gelten und der Internetmarkt ja nicht nur für Deutschland gilt. Jedoch musst du dir im Klaren sein, dass du keine verbotenen Waffen kaufen solltest, um nicht mit dem Gesetz in Konflikt zu kommen. Anders als in anderen Bereichen der Rechtsprechung sind die Urteile bei Verstößen gegen das Waffengesetz nämlich sehr streng und eindeutig. **Anscheinend wollte der Gesetzgeber, dass die deutsche Bevölkerung so unbewaffnet wie möglich bleibt.** Ob das schlau war oder nicht, kann jeder selber beantworten.

Insbesondere wecken selbstgebaute Waffen die erhöhte Aufmerksamkeit der Behörden. Es drohen mitunter harte Strafen bis hin zum Freiheitsentzug.

Weiterhin gibt es erlaubte Waffen, die aber ausschließlich in den eigenen vier Wänden, also in der eigenen Wohnung oder dem eigenen Haus gelagert werden dürfen. Je nach Waffentyp gelten für diese Lagerung verschiedene weitere Vorschriften. In der Regel gilt aber immer, dass diese gefährlichen Gegenstände so aufbewahrt werden müssen, dass sie vor unbefugten Zugriff geschützt sind. Erlaubte Waffen sind zum Beispiel ein Teleskopschlagstock, so wie er von der Polizei genutzt wird.

**Kommen wir nun zu den erlaubten Waffen, die auch unterwegs mitgeführt werden dürfen.**

Gemäß Waffengesetz gibt es eigentlich nur folgende Möglichkeiten:

- Die Schreckschusswaffe mit dem Stempel PTB ab 18 Jahren. Das Führen mit Munition nur mit kleinem Waffenschein. Führverbot bei öffentlichen Veranstaltungen.
- Elektroschockgerät mit dem PTB Prüfzeichen ab 18 Jahren. Hierfür ist kein Waffenschein erforderlich. Führverbot bei öffentlichen Veranstaltungen.
- CS Reizgas mit BKA Prüfzeichen ab 14 Jahren. Hier ist kein Waffenschein erforderlich. Führverbot bei öffentlichen Veranstaltungen.

Das war's. Glaubst du nicht? Doch, es ist wirklich so. Hingegen jeder anderen Erzählung, die man hier und dort so hört, hat Deutschland ein unglaublich strenges Waffenrecht, das nur diese oben genannten Ausnahmen kennt. Diese Waffen darf ich also (ggf. auch gleichzeitig) führen und zur Notwehr auch gegen Menschen einsetzen.

Jedoch gibt es noch eine Ergänzung hierzu. Der § 32 StGB sagt nämlich folgendes aus:

**(1) Wer eine Tat begeht, die durch Notwehr geboten ist, handelt nicht rechtswidrig.**

**(2) Notwehr ist die Verteidigung, die erforderlich ist, um einen gegenwärtigen rechtswidrigen Angriff von sich oder einem anderen abzuwenden.**

Wenn du also unmittelbar an Leib und Leben gefährdet wirst oder ein anderer an Leib und Leben gefährdet wird (dann nennt sich das Ganze Nothilfe), dann ist es erlaubt zur Beendigung dieses gegenwärtigen rechtswidrigen Angriffs alles zu tun, um diesen Angriff zu stoppen. Ich darf mir also sehr wohl alles Mögliche schnappen, was ich in dieser Situation greifen kann, um dies auch zu meiner Verteidigung gegen den Angreifer einzusetzen.

Ich möchte die drei erlaubten Waffentypen ganz kurz bewerten:

Die Schreckschusswaffe ist in entsprechender Ausführungen durchaus eine geeignete Selbstverteidigungswaffe. Warum genau, werde ich dir weiter unten ausführlich darstellen. Von dem Führen eines Elektroschockgerätes rate ich ab. Das Einsatzspektrum ist sehr begrenzt und ich muss sehr nah an den Gegner rankommen, was eine Eigengefährdung schon wieder möglich werden lässt (Gegner hat Messer). Das CS-Gas halte ich ebenfalls für wenig zweckmäßig, da es im Einsatz gegen Menschen oftmals nur wenig Wirkung zeigt.

Mein abschließender Rat an dieser Stelle ist deshalb: Konzentriere dich bei der Vorbereitung einer guten Selbstverteidigung trotzdem darauf, gesetzeskonform zu bleiben. Du wirst sehen, hier bleibt immer noch genügend Spielraum, um dich und deine Familie effektiv schützen zu können. Auf der anderen Seite kommst du aber nicht mit den Behörden in Konflikt, was ich für sehr ratsam erachte.

Kommen wir nun zu den vorgeschlagenen Waffen und ihrem Einsatzspektrum.

# 52. Kapitel: Selbstverteidigung – Die Schreckschusspistole

Die ideale Distanzwaffe stellt ohne Frage eine scharfe Schusswaffe dar. Nur die wenigsten von uns verfügen über einen Waffenschein für eine solche Waffe und das Führen einer scharfen Schusswaffe ist ohnehin nur ganz speziell berechtigten Personen überhaupt erlaubt. Für Otto Normalverbraucher ist das also (leider) keine Option.

Die Schreckschusspistole kann in Deutschland von jeder Person ab 18 Jahren erworben und zu Hause aufbewahrt werden. Sie muss getrennt von der Munition aufbewahrt werden in zwei verschließbaren Behältnissen. Der Zugriff für Unbefugte - also auch Kinder - muss ausgeschlossen sein. Die Schlüssel müssen sich beim Besitzer befinden. Geführt werden darf die Schreckschusspistole nur dann, wenn ein kleiner Waffenschein vorliegt. Alles andere wäre ein erheblicher Verstoß gegen das Waffengesetz und könnte als solcher geahndet werden. Den Waffenschein erhält man problemlos bei der zuständigen regionalen Behörde gegen eine Gebühr und danach darf man die geladene Schreckschusswaffe mit sich führen.

## Was können Schreckschusswaffen eigentlich leisten?

Ganz anders als ihr Ruf sonst nahelegt, sind Schreckschusspistolen ein sehr gutes Hilfsmittel zur unmittelbaren Notwehr. Explizit zu empfehlen sind Schreckschussrevolver Kaliber 9mm mit Schwarzpulver-Patronen oder mit der flash

/ Blitz Munition. Eine solche Schusswaffe erzeugt zunächst mal Verunsicherung beim Gegner, denn der kann nicht leicht schätzen, ob es sich um eine Schreckschusswaffe handelt oder um eine scharfe Pistole. Die Schüsse mit der 9mm sind ziemlich laut und sorgen für Alarm. Der Gegner wird so weiterhin verunsichert und könnte bereits zu diesem Zeitpunkt die Flucht ergreifen. Andere Personen werden ebenfalls aufmerksam und könnten hinzukommen. Angreifer scheuen vor allen Dingen zu viele Zeugen, die gleichzeitig mit vor Ort sind.

Im extremen Einsatz kann die 9mm Schreckschusspistole aber sogar schwerste Verletzungen beibringen. In unmittelbarer Nähe der Mündung erzeugen die heißen Pulvergase eine enorme Hitze, die in Form eines Blitzes nach vorne aus der Mündung austritt. Gleichzeitig werden kleinste Partikel nach vorne abgefeuert. Diese können im Gesicht des Gegners Verletzungen verursachen. Im Extremfall kann das zum Erblinden führen. Die starke Druckwelle kann tiefe Löcher in die Haut reißen. Eine Schreckschusswaffe in der Nähe des Ohres abgefeuert kann zum Teilverlust des Hörsinnes führen. Unmittelbar ist Tinnitus die Folge.

Selbstverteidigungsprofis sind in der Lage, den Revolver aber auch als Stoß- und Schlagwaffe einzusetzen und sinnvoll in eine Verteidigungssituation zu integrieren.

Gegenüber einem überlegenen Gegner in Form einer Gruppe kann man eine Salve in deren Richtung abfeuern und sich dann in Sicherheit bringen.

### Führen der Schreckschusswaffe

Handfeuerwaffen gehören niemals in die Hände von Kindern. Sie werden entweder am Körper geführt oder sie sind zugriffssicher und getrennt von der Munition weggeschlossen. Jeder der sich erstmalig mit solch einer Waffe vertraut macht, sollte einen entsprechenden Kurs besuchen und sollte sich von erfahrenen Personen umfassend in Handhabung und Funktion einweisen lassen.

Anders als es uns die Polizei manchmal weismachen will, sind Schreckschusswaffen keine Gegenstände von denen *per se* eine hohe Gefahr für den Besitzer ausgeht. Mit selber Logik müsste man dann ja auch darauf hinweisen, das Messer und Gabel gefährliche Gegenstände sind. Es hängt also meiner Meinung nach viel mehr mit der Besitzerin oder dem Besitzer zusammen, ob Unfälle geschehen oder vermieden werden.

Im Umgang mit Handfeuerwaffen sind explizit mindestens folgende Sicherheitsregeln zu beachten:

## SICHERHEITSREGELN IM UMGANG MIT SCHUSSWAFFEN

Das Einhalten von Sicherheitsbestimmungen und das Training im Umgang mit Handwaffen jeder Art sind das A und O, um falsche Handhabung oder Selbstgefährdung auszuschließen. Hier die wichtigsten Sicherheitsbestimmungen:

- ✓ Mache dich mit der grundsätzlichen Handhabung der Waffe vertraut. Dabei immer zuerst OHNE Munition die Handhabung üben.

- ✓ KEIN SPIELERISCHER UMGANG MIT WAFFEN. SCHUSSWAFFEN SIND KEINE SPIEZEUGE!

- ✓ Behandle jede Waffe so, als wenn sie geladen ist. Solange bis du dich vom Gegenteil überzeugt hast.

- ✓ Lade die Waffe erst, wenn du sie einsetzt (Führen, Schießen). Ansonsten werden Waffe und Munition grundsätzlich GETRENNT aufbewahrt. Idealerweise in zwei Tresoren oder abschließbaren Behältnissen (Stahlkassetten). Eine gelagerte Waffe muss abmunitioniert sein. Die Schlüssel sind immer „am Mann“ zu führen.

- ✓ Niemals eine Schusswaffe auf jemanden richten, außer die Lage erfordert dies. Keine wilden Zielübungen durchführen.

- ✓ Waffen und Munition sind immer vor dem Zugriff Unbefugter, insbesondere vor Kindern und Jugendlichen, zu schützen.

- ✓ Vor dem Reinigen ist die Waffe zu entladen.

- ✓ Finger lang am Abzug. Erst vor Schussabgabe den Zeigefinger an den Abzug legen.

# 53. Kapitel: Selbstverteidigung – Das Pfefferspray

Pfefferspray ist zur Abwehr gegen wilde Tiere in Deutschland erlaubt. Pfefferspray darf also auf offener Straße mitgeführt werden und auch zu Hause griffbereit gelagert werden. Pfefferspray gibt es in unterschiedlichen Größen und es frei zu kaufen. Das unglaubliche ist jedoch, das es ist in Deutschland nicht einmal eine Altersbeschränkung für den Erwerb und das Führen von Pfefferspray gibt. Der Hintergrund ist der, dass jeder Mensch unabhängig seines Alters in der Lage sein soll, aggressive Tiere abwehren zu können. Objektiv beurteilt ist die Lage aber so, dass Tiere und auch selbst die größten Hunde in der Regel friedliche Zeitgenossen sind. Aggressiv hingegen sind oftmals nur die Besitzer.

Ich dachte früher, Pfefferspray sei ein ganz harmloses Zeug, das keine Auswirkungen hat. Bis ich es mal selber an mir ausprobiert habe. Ein paar Tropfen haben dazu geführt, dass sich die **Augenlider** schon nach wenigen Sekunden wie von alleine automatisch immer wieder **geschlossen** haben. **Augen und Nase** fingen an stark zu **tränen**. Außerdem musste ich anfangs husten. Dieser Selbsttest hat dazu geführt, dass ich ca. 30 Minuten nur damit beschäftigt war, mit Wasser meine Augen auszuwaschen, danach ging es wieder. Wäre ich ein Angreifer gewesen, wäre es mir innerhalb dieses Zeitraums nicht ohne weiteres möglich gewesen, meinen Angriff ungehindert weiter auszuführen. Das heißt, ich wäre in meinen Absichten behindert oder gehemmt worden.

Nach aber etwa 30 Minuten bis zu einer Stunde ist die Wirkung dann allerdings verflogen, wobei Pfefferspray keine Nebenwirkungen hat und auch keine bleibenden Schäden verursacht.

**Nicht umsonst setzt die Polizei Pfefferspray ein.**

In Deutschland ist der Einsatz von Pfefferspray gegen Personen für die Behörden erlaubt, für Zivilisten ist er verboten. Ich darf also nicht durch die Gegend laufen und behaupten ich hätte Pfefferspray dabei, um dieses als Waffe gegen Menschen einzusetzen. Das darf die Polizei sehr wohl. Nun gibt es aber eine Ausnahme nach dem Gesetz: Was der § 32 StGB aussagt, haben wir weiter oben bereits gesehen.

Die Schlussfolgerungen hieraus lautet:

**Wer an Leib und Leben bedroht wird, muss sich nicht abstechen lassen, sondern kann das eigentlich gegen Tiere einzusetzende Mittel auch gegen Angreifer einsetzen, wenn ihm keine andere Wahl bleibt.**

Ändern tut sich die rechtliche Lage also erst, wenn ein unmittelbarer Angriff auf Leib und Leben im Gange ist, den man nur dann abwehren kann, wenn man unmittelbar reagiert.

Das Pfefferspray verursacht keine bleibenden Schäden, weshalb es in der Rechtsprechung oft als adäquates Mittel betrachtet wird, beispielsweise einen Messerangriff mittels Notwehr abzuwehren. Rechtlich gesehen entsteht zwar eine Körperverletzung, jedoch ohne bleibende Folgen.

**Halten wir also fest: In Deutschland darf jeder Mensch Pfefferspray in beliebiger Größe und in beliebiger An-**

**zahl mit sich führen, um sich gegen *wilde Tiere* zu verteidigen.**

Wird dieser Mensch von einer anderen Person an Leib und Leben bedroht, so darf im Rahmen der Notwehr oder auch der Nothilfe dieses Pfefferspray gegen den Aggressor zum Einsatz kommen.

**Hier die Vorteile des Pfeffersprays:**

- kann sehr leicht mitgeführt werden
- kann sehr leicht instinktiv zum Einsatz gebracht werden
- kann eine Distanz von mehreren Metern (Bearspray bis zu 10m) problemlos überwinden
- wirkt bereits nach wenigen Sekunden und schränkt die Sicht des Gegners für bis zu 30 Minuten stark ein
- hinterlässt keine bleibenden Schäden
- darf von jedermann zur Abwehr „wilder Tiere" mitgeführt werden

**Die Top-Variante stellt ohne Frage das Bärenabwehrspray dar.** Ich weiß, dass man damit wilde Bären oder Pumas auf bis zu zehn Metern quasi instinktiv treffen kann, die dann sofort Reißaus nehmen.

Menschen reagieren unterschiedlich auf Pfefferspray. Manch einer wird seinen Angriff sofort abbrechen, ein anderer jedoch wird in Wut trotzdem mit dem Messer weiter um sich fuchteln. Wir müssen diese verschiedenen Reaktionen also erwarten, und unsere Verteidigung auf weitere Mittel abstützen.

# 54. Kapitel: Selbstverteidigung – Der Schlagstock

Schlagstock und Knüppel sind bereits aus der Steinzeit bekannte Waffen. Ihre Effektivität ist nach wie vor ungebrochen. Selbst leichte Treffer erzeugen an den schmerzempfindlichen Punkten eine hohe Wirkung. Bei der Polizei in aller Welt gehört der Knüppel zur Grundausstattung.

**Hier die Vorteile:**

- Knüppel sind leicht
- Knüppel können intuitiv genutzt werden
- Der Kampf mit dem Stock kann sehr variantenreich sein
- Optimal zur Abwehr gegen Messerangriffe

Der Knüppel überwindet die gefährliche Distanz. Und die erzeugte Schlagkraft bringt eine hohe Wirkung. Es ist möglich, dem Gegner seine Waffen aus der Hand zu schlagen oder es ist möglich, den Knüppel als Schutzelement einzusetzen. Mit wenigen wirkungsvollen Treffern kann man mit dem Knüppel seinen Gegner sowohl entwaffnen als auch kampfunfähig machen. Der Knüppel eignet sich nicht nur zum Schlagen, sondern auch zum Stoßen, zum Würgen oder zum Blocken. Der Knüppel oder Schlagstock ist damit eine perfekte Notfallwaffe.

**Gut zu wissen:** Das deutsche Waffengesetz sieht den Knüppel aber als Waffe vor, die außerhalb der eigenen vier Wände nicht geführt werden darf (s.o.). Wer nun einen Stock als Hundespielzeug, als plausibles Werkzeug, als Tourniquet-Stab im Rahmen der ersten Hilfe oder als Wanderstab rechtmäßig mit sich führt, hat ja nach diesem Gesetz keine Waffe als solche dabei. Natürlich kann der Gegenstand dann im rechtlichen Rahmen der Notwehr trotzdem zum Einsatz kommen.

Eine gute Kombination stellt der Einsatz von Pfefferspray und Schlagstock dar. Über diese Kombination lassen sich die meisten Angriffe effektiv stoppen. Voraussetzung ist natürlich, dass man mit diesen Gegenständen bestens vertraut ist.

## Körperliche Fitness

Das Element körperliche Fitness spielt ebenfalls eine erhebliche Rolle bei der Selbstverteidigung. Nur wenn ich schnell, gewandt und ausdauernd bin, aber auch stark und zäh, kann ich mich erfolgreich gegen einen oder mehrere Gegner behaupten. Anderenfalls wird dies nur sehr schwer möglich sein. Es lohnt sich also auch vor diesem Hintergrund permanent an der Fitness zu arbeiten.

## Verhalten in der „Zombie-Apokalypse“

Wenn alle Stricke reißen und die „Zombie-Apokalypse” ausgebrochen ist, wenn du also von einer Horde „Zombies” angegriffen wirst, die dir und deiner Familie ans Leder wollen und brandschatzend durch die Gegend ziehen, dann ist es Zeit die größeren Geschütze rauszuholen. Zu deren Abwehr eignen sich dann beispielsweise Spaten oder Klappspaten, Säge oder Klappsäge, sowie zahlreiche weitere aus Eisen geformte scharfkantige Garten- und Baugeräte. Jede gut sortierte Gartenbauabteilung bietet hierfür viele Anregungen. Das sind ja Gegenstände, die ohnehin schon viele zu Hause haben und aus den Erfahrungen früherer Jahrhunderte wissen wir, dass auf diese Weise ausgerüstete Bauernheere erfolgreich in den Krieg gezogen sind.

# 55. Kapitel: Erste Hilfe

Das Thema Erste Hilfe ist ein sehr großer Bereich, der immer dann hohe Relevanz bekommt, wenn wir davon betroffen sind. Erste Hilfe kann vieles bedeuten: Erste Hilfe bei Kopfschmerzen, erste Hilfe bei Fieber von Kindern, Erste Hilfe bei kleinen Schnittwunden oder Erste Hilfe bei lebensbedrohlichen Blutungen. Otto Normalverbraucher kennt sich in der Regel nur mit der Versorgung kleinster Wehwehchen aus. Bei allem anderen sucht er Rat und Unterstützung bei 112.

Dass auch das nicht immer zielführend ist, beweist zum Beispiel die hohe Anzahl von Verkehrstoten, die wenige Minuten nach dem schweren Verkehrsunfall an Ort und Stelle verbluten. So ist es bei schweren Unfällen nämlich von entscheidender Bedeutung, wie viel Zeit vergeht bis beispielsweise eine Blutung gestoppt wird.

**Jeder erwachsene Mensch verfügt nur über einen gewissen Vorrat an Blut (5, 6 oder 7 Liter) und bereits wenn die Hälfte ausgelaufen ist, wird es schon verdammt eng. Verbluten führt nämlich unmittelbar zum Tod.**

Die erste Lektion die wir also mitnehmen können ist es, dass selbst wenn der Rettungswagen nach 7 Minuten vor Ort sein sollte, diese 7 Minuten schon zu lange gewesen sein können.

Wir müssen also im besten Fall in der Lage sein, selber sofortige Erste Hilfe anwenden zu können, um das Überleben von Menschen retten zu können.

Warum nur wenige das beherrschen, obwohl die Dinge gar nicht so kompliziert sind, liegt daran, dass es in der Gesellschaft eine hohe Abneigung gibt, sich mit dieser Thematik intensiver auseinanderzusetzen und Verantwortung zu übernehmen. Lediglich Angehörige der Sicherheitskräfte, also Polizei, Bundeswehr und THW üben regelmäßig Erste Hilfe und Versorgung von Verletzten. Meiner Meinung nach gehören solche Thematiken in jeden Schulunterricht und auch in jede Erwachsenenbildung und zwar nicht nur einmal, sondern regelmäßig wiederkehrend.

Das was wir alle irgendwann mal im Erste-Hilfe-Kurs für den Führerschein gelernt haben, ist nämlich schon so lange her, dass sich die wenigsten noch daran erinnern können. Außerdem waren das ja sowieso nur ein paar Stunden, wobei hier nur allererste Impulse gegeben wurden. Wer denkt, dass er aufgrund dieses Kurses in der Lage ist Menschenleben zu retten, der täuscht sich gewaltig. Dafür ist schon eine intensivere Befassung mit der Thematik in Form von Theoriewissen und vor allen Dingen von **regelmäßigen und verschiedenen praktischen Übungen** notwendig.

Es geht zum Beispiel darum, wie man effektiv Blutungen stillen kann, wie man schwere Brüche ruhig stellen kann und behelfsmäßig schienen kann, wie man mit Personen umgeht die verletzt wurden und die gegebenenfalls unter Schock stehen oder wie man Verletzte adäquat transportiert. Es gehört auch dazu, den Anblick schwerer Verletzungen zu ertragen.

Sowas lernst du nur aktiv, indem du dich darum bemühst, dir dieses Wissen anzueignen und zu üben. In der Folge wirst du so aber sicherer im Umgang mit dieser Thematik, was dir eine gute Chance gibt, sowohl Erste-Hilfe bei dir selber, aber auch bei deinen Schutzbefohlenen – also Familie, Freunden, etc. - leisten zu können.

## Gefahren frühzeitig erkennen können

Außerdem wird dein Instinkt geschult, Gefahren im Vorwege besser erkennen zu können und somit von vornherein einen Unfall vermeiden zu können. **Denn ganz viele Unfälle passieren aus Leichtsinnigkeit, aus Leichtfertigkeit und aus Unachtsamkeit.**

Viele Menschen schätzen Gefahren einfach falsch ein. Ein Beispiel aus dem Autoverkehr: Es hat geschneit und die Straßen sind glatt. Anstatt dass die Leute sich nun dieser Situation anpassen würden, verhalten sie sich wie üblich: Sie fegen nur kurz die Frontscheibe ihres PKW ab, damit sie Sicht nach vorne haben, sie sind genauso wie sonst in Eile und wollen schnell zur Arbeit fahren, sie schalten ihre Sitzheizung an und das Radio und ignorieren vollständig was draußen passiert. Dass die Straße spiegelglatt ist und sie nach rechts und links und nach hinten gar keine freie Sicht haben, merken sie erst, wenn es zu spät ist.

Aus der Unfallforschung weiß man nämlich mit ziemlicher Sicherheit, **dass Unfälle sich vor allen Dingen häufen, wenn verschiedene widrige Faktoren auf einmal zusammenkommen.** Im genannten Beispiel können dies Schneefall, Glätte, Hektik und Unachtsamkeit sein.

Nehmen wir ein anderes Beispiel:

Eine Tour im voralpinen Gelände mit mehreren Personen. Eben noch war schönes Wetter, doch plötzlich braut sich eine Schlechtwetterfront zusammen. Die kleine Truppe ist bei schönem Wetter losmarschiert und hat keine Nässeschutzbekleidung und auch nur unzureichend Proviant mitgenommen. ***Das war ein Fehler!***

Das Schlechtwetter-Signal wird übersehen und auch die Tatsache, dass sich in den Bergen die Wetterlage viel schneller ändert, als in einem nicht alpinen Gelände wird nicht wahrgenommen. Innerhalb von zwanzig Minuten hat sich die Wetterlage komplett gedreht und plötzlich hagelt und blitzt es überall um sie herum. Die Gruppe hat schlichtweg den richtigen Moment verpasst, einen schützenden Bereich aufzusuchen und sie war ohnehin schlecht vorbereitet. Nun werden alle in Windeseile komplett durchnässt sein, einige Minuten später werden die ersten Unterkühlungen in Erscheinung treten.

Erheblicher Wärmeverlust wird danach die Folge sein. Die Steine auf denen die Leute laufen, werden jetzt teilweise rutschig und aalglatt sein, sodass sowohl der Weitermarsch, als auch der Rückmarsch nun gefährlich werden. In der Folge werden sich gefährliche Situationen ereignen. Eine Person könnte ausrutschen und sich schwer verletzen oder abstürzen. Was machen dann die anderen? Wie versorgen Sie den Verletzten? Wie transportieren sie ihn? Haben Sie irgendwelche Strategien für solch einen Notfall in petto?

Ich denke aus diesem Beispiel ist sehr schnell deutlich geworden, dass sich zu viele von unser Mitbürgern jeden Tag viel zu sehr in Sicherheit wiegen. Kaum jemand hat mehr den *Worst-Case* vor Augen oder fühlt sich prädestiniert, eine Führungsrolle bei der Absicherung oder der ersten Hilfeplanung einzunehmen.

Das Beste ist es also, Unfälle erst gar nicht entstehen zu lassen. **Durch vorausschauendes Planen und Handeln kann**

**nämlich einiges vermieden werden.** Und wenn wirklich was passiert, dann ist die erfahrene Person in der Lage, die richtigen Entscheidungen in der richtigen Reihenfolge zu treffen.

## Elementare Grundausstattung

Für die elementare Grundausstattung an Erste-Hilfe-Materialien empfehle ich grundsätzlich einen ganz normalen **Auto-Verbandkasten nach DIN Norm**. Egal wo du dieses Teil kaufst, es verfügt immer über dieselben Materialien und ist meist schon sehr günstig zu erwerben. Es schadet auch nicht zwei oder mehr von diesen Teilen zu Hause zu haben, weil sich alles lange hält und man dann einfach aus dem Vollen schöpfen kann, wenn es wirklich benötigt wird.

Ich rate davon ab, spezielle Survival-Erste-Hilfe-Packs zu kaufen, weil die erstens überteuert sind und zweitens auch nicht mehr zu bieten haben, als die angesprochenen Autoverbandkästen.

Im Kfz Erste-Hilfe-Kasten ist tatsächlich eine Menge brauchbares Zeug drinnen. Da findest du zum Beispiel:

- viele Pflaster für zwischendurch
- Mullbinden und keimfreie Auflagen für kleine bis mittlere Verletzungen
- praktische Dreiecktücher
- eine Rettungs- und Wärmeplane (die man auch zweckentfremdet mal als Mini-Regenschutz oder als Signalgeber für Rettungskräfte einsetzen kann)
- eine Schere

- eine Rolle Befestigungstape und einiges mehr

Um es noch mal klar und deutlich zu sagen: Selbst dieses umfangreiche Set ist nur für kleine und maximal mittlere Verletzungen gedacht. **Wer darüber hinaus lebensgefährliche und schwere oder schwerste Verletzungen sofort behandeln will, der benötigt dringend Zusatzausbildung**, die er sich bei verschiedenen Organisationen, welche damit tagtäglich zu tun haben, angedeihen lassen kann.

Ich jedenfalls empfehle dir, dies als Priorität einzustufen und demnächst mal einen solchen Kurs zu buchen. Vielleicht auch zusammen mit der ganzen Familie. Das ist ein gutes Investment, und wer weiß, ob es sich nicht mal für dich auszahlen wird, indem du einem Menschen damit das Leben retten kannst.

# 56. Kapitel: Fähigkeiten sind Gold wert

Beim Preppen wird in den allermeisten Fällen nur daran gedacht, spezielle Vorräte bereitzuhalten. Was dabei oft übersehen wird, ist es *Fähigkeiten* zu sammeln. So kannst du selbst bei knappen Vorräten über deine Fähigkeiten ganz vieles kompensieren. So ist es dem berühmten Survival-Spezialisten Rüdiger Nehberg ja mal gelungen, nur mit einer Badehose bekleidet und einem Messer ausgerüstet sich durch den Dschungel bis zu einem Zielpunkt durchzukämpfen. Sein Vorrat war also quasi überhaupt nicht vorhanden, er profitierte dabei von seinen unglaublichen Fähigkeiten zu überleben.

Fähigkeiten können hierbei sein:

- Handwerkliche Fähigkeiten
- Soziale Fähigkeiten
- Kommunikative Fähigkeiten
- Erfinderische Fähigkeiten
- Planerische Fähigkeiten
- Strategische Fähigkeiten
- Militärische Fähigkeiten und so weiter

Im Detail kann dies Folgendes bedeuten: Wenn du ein guter **Handwerker** bist und über die richtigen Werkzeuge verfügst, so kannst du zu Hause alles reparieren und selber instand halten. Du bist dann nicht mehr auf die Hilfe anderer angewiesen, sondern kannst dir und deiner Familie selber helfen.

Alle Dinge die wir benutzen, haben eine gewisse Halbwertszeit. Das heißt, irgendwann geht alles mal kaputt. Wenn der Handwerker-Notdienst dann nicht erreichbar ist, dann ist es sehr gut, wenn wir uns selber helfen können. Ein guter Handwerker kann so ziemlich alles reparieren und weiß immer eine Lösung.

Wenn du über gute **kommunikative und soziale Fähigkeiten** verfügst, so kann das besonders im Blackout ein sehr wertvoller *Skill* sein. Schließlich werden einige Menschen in deiner Umgebung in Panik oder auch in Angst verfallen oder es werden Neid und Missgunst aufkommen. Wer soziale und kommunikative Fähigkeiten besitzt, der kann durch geschickte Gesprächsführung nun einiges für sich zum Besseren wenden. Dazu muss man etwas über die Psychologie von Menschen wissen und auch wissen, wie man seine eigenen Ziele geschickt auch trotz widriger Umstände erreichen kann.

Aber auch im Kreise der eigenen Familie gibt es vielleicht kleine Kinder, die auf freundliche und zärtliche Weise beruhigt werden müssen und die menschliche Wärme und Nähe bei einem Blackout in besonderer Weise erfahren müssen. Die Kinder kommen unbeschadet durch jede Krise, wenn sie Menschen an ihrer Seite haben, die **auf empathische Weise** sich ihrer Probleme und Gefühle annehmen und sie somit stärken. Sei also ein Fels in der Brandung für alle, die dir am Herzen liegen.

Und alle die mal beim Militär waren, haben bei einer Krise natürlich auch unschätzbare Vorteile, denn sie verfügen über **planerische, strategische und militärische Fähigkeiten**. Beim Militär wurde trainiert, auch in schwierigen Situationen einen kühlen Kopf zu behalten und nicht von der Hand in den Mund zu leben, sondern strukturierte Tages- und Wochenpläne anzufertigen, die mit Disziplin und Willenskraft auch gegen Widerstände durchgesetzt werden. Zähigkeit und Robustheit sind dabei weitere Fähigkeiten, die einem helfen, Strapazen aushalten zu können mit dem Wissen und dem Glauben, dass die Lage auch irgendwann wieder besser werden muss. Aufgeben ist beim Militär nämlich ein Tabu und keine Option.

Im modernen Alltagsleben sind solche Einstellungen weitgehend unbekannt geworden. Der moderne Alltagsmensch wird deshalb Probleme haben mit allen Strapazen, welche ein Blackout mit sich bringen wird. Wer allerdings militärisch geschult ist, der wird es hier wesentlich leichter haben und wird sich an all das erinnern, was er hierzu mal gelernt hat. Er ist im besonderen Maße in der Lage dazu, auch andere anzuleiten und zu anzuführen.

Fähigkeiten die hilfreich sind, können aber auch ganz gewöhnlicher Natur sein: So wird bei einem Blackout selbstverständlich auch ein **Kochtalent** sehr gefragt sein, denn nach Ausfall aller elektronischen Medien wird sich sowieso alles um die heimische Kochstelle versammeln. Nun wäre es an der Zeit mal zu zeigen, was für ein toller Hobbykoch du bist! Gutes Essen und gutes Trinken wird nämlich gerade in einer Krise für einen erheblichen Zuwachs an Motivation, an guter Laune und an Freude sorgen. Wenn sonst schon nichts geht, dann sollte man zumindest das Essen und Trinken zelebrieren. Wer also jetzt gut ausgestattet ist mit Campingkochern oder einem Outdoor-Gasherd/-grill, der wird bei einem Blackout trotzdem seine Lebensfreude behalten können und er wird gleichzeitig für die Freude bei anderen sorgen.

Man könnte sicherlich noch viele Fähigkeiten aufführen und **am Ende des Tages wird jede Fähigkeit nützlich sein**. So kannst du auf kreative Weise alle deine Talente sinnvoll miteinbringen.

# 57. Kapitel: Flucht aus dem Katastrophengebiet

Grundsätzlich gibt es in Katastrophen zwei Möglichkeiten des Verhaltens.

- ➔ Erste Möglichkeit: Ich bleibe am Ort des Geschehens und mein Zuhause ist auch weiterhin meine Basis. Man muss sich also darauf einstellen, dass eine Katastrophe Tage, Wochen oder sogar Monate dauern kann. So lange muss man dann in seinem Domizil autark aushalten können.
- ➔ Zweite Möglichkeit: Es gibt aber auch Situationen und Umstände, da ist es besser das eigene zu Hause mit dem Notwendigsten zu verlassen, um einen anderen Standort aufzusuchen, der eine höhere Sicherheit für das eigene Überleben gewährleistet. Solchen Situationen und Umstände sind beispielsweise ein aktiver Krieg, ein schweres Erdbeben oder ein Großfeuer, bürgerkriegsähnliche Zustände oder überbordende und mörderische Kriminalität.

Jeder gute Prepper ist auf solch eine Notfall-Situation vorbereitet und hat eine **Exit-Strategie** im Ärmel. Im Folgenden sollen deshalb hier einige grundlegende Gedanken zum Thema Exit-Strategie dargestellt werden.

Grundlegender Ausrüstungsgegenstand dafür ist ein professioneller Trekkingrucksack, der perfekt zu dir passt, mit einem angenehmen Beckengurt, vielen Features, einem hohen

Tragekomfort, und viel Stauraum. Im Kapitel über Rucksäcke habe ich ausführlicher beschrieben, worauf es hierbei genau ankommt.

Der geeignete Rucksack ist deshalb so entscheidend, weil nur er dir gewährleistet, dass du mit den wichtigsten Gegenständen und einem Gewicht von etwa 15kg, 20kg oder mehr trotzdem relativ angenehm marschieren kannst. Eine Flucht wird nämlich in aller Regel entweder teilweise oder sogar ausschließlich zu Fuß stattfinden. Wer jetzt denkt, dass man zu Fuß große Strecken gar nicht überwinden kann, der irrt.

*Stell dir vor, du marschierst jeden Tag 20 km. Das ist selbst für mittelmäßig trainierte Menschen möglich. Es wird hart und fordernd, aber es wird möglich sein. Bei einer durchschnittlichen täglichen Marschstrecke von 20 km hast du nach 20 Tagen bereits 400 km zurückgelegt. Nach 50 Tagen bereits 1000 km. Es ist also nur ein Rechenexempel, wie viel Kilometer du am Tag marschieren musst und wie viel Tage du das Ganze durchhalten musst, um teilweise wirklich enorme Strecken zurücklegen zu können.*

Zu Fuß kannst du also tatsächlich dich und deine Familie nach und nach raus aus der *Dangerzone* bringen. Du bist dabei nicht auf fremde Hilfe angewiesen.

Zu dem Thema **Verhalten bei einer Flucht** empfehle ich unbedingt die Lektüre des Buches

**Mads Krüger:**

**Überleben! In Zeiten von Krisen, Katastrophen und Chaos - Bist Du bereit?**

Der ehemalige Elitesoldat stellt alle notwendigen Verfahren auf einer Flucht ausführlich vor und sagt klar, worauf es wirklich ankommt. Insbesondere hilfreiche Ausrüstungsgegenstände werden erklärt und er gibt sogar klare Kaufempfehlungen ab, welche dir die richtige Auswahl enorm erleichtern. Mehr geht nicht. Schaue also am besten auch da noch einmal rein. Die weiteren Ausführungen beziehen sich ebenfalls auf dieses großartige Buch.

Für eine erfolgreiche Flucht sollte ich mich körperlich vorbereitet haben. Körperliche Fitness ist deshalb kein Selbstzweck, sondern dient auch in solchen Extremsituation dazu, schwere Lasten zu transportieren, viele Kilometer zu Fuß marschieren zu können und dabei noch andere zu motivieren und notfalls auch noch das Gepäck der Kinder mitschleppen zu können. Körperliche Fitness ist hier das A&O.

Wer vor einer kriegerischen Auseinandersetzung oder marodierenden Banden ausweicht, der versucht sich außerdem bedeckt zu halten. Das übliche Camping-Verhalten ist hier wenig zweckmäßig. Viel zweckmäßiger ist ein von Lautlosigkeit, Unauffälligkeit und von Tarnung geprägtes Vorgehen. Ich versuche also mich so unauffällig und so unsichtbar wie möglich von A nach B zu bewegen.

Das kann bedeuten, dass man nachtsüber marschiert und tagsüber ruht. Das wird auf jeden Fall bedeuten, dass man ein Grubenfeuer entzündet und dies zusätzlich nach oben hin mit einem Lichtfänger abschirmt. Nichts kann insbesondere bei Nacht so sehr wahrgenommen werden, wie Feuer oder Licht. Flammen, aber auch die Lichter von Taschenlampen sind unbedingt auf das notwendigste und kleinste Maß zu minimieren.

Bei Taschenlampen gilt: Diese sind grundsätzlich auszulassen. Wenn sie dennoch benutzt werden müssen, so ist Rotlicht die erste Wahl. Helles Weißlicht fällt sofort auf und außerdem saugt es enorm an den Batterien. Aus beiden Gründen muss es deshalb ausbleiben. Man spricht hierbei auch von Licht-Tarnung.

Lagerplätze sind immer so zu wählen, dass sie möglichst im Dickicht sind, also dort wo im Grunde niemand vorbeikommt und wo auch kein Weg und nicht mal ein Pfad vorbei führen. Nur dort habe ich die gewisse Sicherheit, dass ich unentdeckt bleiben werde. Wer möchte schon gerne schlafend im Zelt von Einheimischen entdeckt werden, um dann verscheucht zu werden? Wohl niemand. Du musst also für deinen Lagerplatz einen Ort suchen, bei dem du absolut von der Bildfläche verschwindest.

Des Weiteren wirst du dich daran gewöhnen müssen, dass du für einige Wochen unter freiem Himmel leben wirst. Mit der richtigen Ausrüstung ist dies problemlos möglich. Trotzdem gibt es verschiedene Verhaltensregeln, die zum Überleben unter freiem Himmel dazugehören: So hältst du einen strengen Hygieneplan ein, du wirst unter diesen Bedingungen für regelmäßige Nahrungszufuhr sorgen, du wirst dein Material und deine Ausrüstung unterwegs pflegen und reinigen und du benötigst ausreichend Ruhe und Rastzeiten. Außerdem benötigst du ein starkes Mindset, also Selbstüberzeugung und Willensstärke und du solltest in der Lage sein, auch andere immer wieder zu motivieren und bei Laune halten zu können.

Das soll nur ein kurzer Ausschnitt gewesen sein aus dem Szenario *Flucht aus einem Krisengebiet*. Du kannst dich auch auf dieses Szenario gedanklich, planerisch aber auch praktisch durch Übungen weiter vorbereiten. Dazu können kürzere Survival-Aufenthalte dienen, bei denen du nach und nach auch unter verschiedenen klimatischen Bedingungen immer mehr Erfahrungen sammeln wirst.

# 58. Kapitel: Selbstversorgung und Eigenanbau

Als weitere Möglichkeit sich selbst zu versorgen, gibt es den Eigenanbau von Lebensmitteln. Im Grunde genommen ist es das, was unsere Vorfahren früher gemacht haben und was landwirtschaftliche Betriebe wie selbstverständlich heute immer noch tun. Kein Bauer dieser Welt kauft seine Hühnereier, seine Kuhmilch, seine Fleisch- und Wurstwaren, seine Rüben und Kartoffeln, seine Salate, Tomaten und Gurken oder seine Äpfel und Birnen im Supermarkt ein. Bauern sind Spezialisten bei der Herstellung von Lebensmitteln. Sie produzieren diese für andere, aber ernähren sich und ihre Familie auch davon. Eben solches können wir uns im Kleinformat ebenfalls aneignen.

Idealerweise haben wir dafür ein **eigenes Grundstück** oder auch einen **Schrebergarten**, aber selbst auf dem Balkon oder der Terrasse lassen sich mittels **Hochbeeten** schon einige Ergebnisse erzielen. Schlussendlich geht es bei dieser Maßnahme auch nicht etwa darum sich zu 100% selbstständig zu versorgen, sondern es geht vielmehr darum, Ergänzungen in Form von **frischem Salat oder Kräutern** zu schaffen, die man selber fast zum Nulltarif herstellt und sofort davon profitieren kann. Es lohnt sich deshalb außerordentlich, sich mit dem Thema Selbstversorgung und Selbstanbau zu beschäftigen.

Und dies nicht nur in Vorbereitung auf eine Krise, sondern durchaus ganz aktuell zur Unterstützung einer Versorgung mit **gesunden Lebensmitteln**. Letztendlich müssen Lebensmittel, die ich direkt zu Hause bei mir produziere, keinen einzigen Kilometer transportiert werden und ich weiß selber, unter welchen Bedingungen diese Lebensmittel entstanden sind. Ich brauche mir also keine Sorgen um Belastung mit Pflanzenschutzmitteln und dergleichen zu machen.

*Um ein anschauliches Beispiel zu nennen: Mein Sohn hat vor einigen Jahren im Geschäft eine kleine und zierliche Johannisbeer-Pflanze gekauft. Der Preis war 1,99 € soweit ich mich erinnern kann. Diese haben wir dann im heimischen Garten eingepflanzt. Die Pflanze bekommt gratis Wasser und Sonne und sie steht auf gutem Boden. Sie ist in kurzer Zeit enorm gewachsen und hat viele neue dicke Äste bekommen. Jetzt kannst du dreimal raten, was wir jedes Jahr zur Sommerzeit ernten. Richtig!* **Eine üppige Menge Johannisbeeren** *und es werden jedes Jahr mehr. Wir hätten dies anfangs gar nicht erwartet, doch nun steht das Teil einfach in unserem Garten, sieht schön aus und wir können direkt von der Hand in den Mund essen.*

Nun kann man dieses Spiel weiter treiben und besorgt sich nicht ein sondern fünf solcher Bäumchen. Dann würde man wahrscheinlich hohe Erträge haben, die man einkochen könnte oder zu Marmelade verarbeiten könnte. Und das alles zum Nulltarif, denn die Sonne scheint kostenlos und auch das Wasser regnet kostenlos vom Himmel. Das ist schon ein erstaunlicher Fakt. Gesegnet ist also der, der über ein ausreichend großes Grundstück verfügt auf dem man alles Mögliche an Gemüse und Obst auch in einem Gewächshaus anbauen kann und zudem vielleicht noch ein paar Hühner halten kann. Damit kann dann schon ein großer Teil der Grundversorgung autark sichergestellt werden und das auf unabsehbare Zeit.

Da die Selbstversorgung etwas an theoretischem Wissen und vor allen Dingen an praktischer Erfahrung erfordert, sollte man lieber jetzt damit anfangen, anstatt weiter abzuwarten. Im Übrigen ist es ja auch so, dass Pflanzen mitunter einige Jahre wachsen müssen, wie wir eben an dem Beispiel gesehen haben. Ab dem zweiten oder dritten Jahr kommen dann die ersten Erträge an Obst.

Bei **Kräutern** geht es selbstverständlich schneller. Gärtnern ist ein tolles Hobby für die ganze Familie aber auch vor allen Dingen für Kinder. Kinder finden es einfach wunderbar, wie aus einem kleinen Samenkorn eine üppige Pflanze werden kann, die man im Anschluss sogar noch essen kann. Kinder wundern sich anfangs, wie leicht es ist, diese Dinge selber herzustellen. Daraus kann also durchaus eine interessante Beschäftigung für die gesamte Familie werden. Los geht´s!

Nun wird nicht jeder über einen Garten verfügen, aber auch auf dem Balkon oder auf der Terrasse können in Kübeln oder Pflanzkästen aus dem Baumarkt prima Kräuter und einige leicht anzubauende Gemüsesorten entstehen. Wenn man Sorge hat wegen frei herumlaufender Katzen oder anderer Tiere, dann kann man das Ganze auf einen Tisch stellen oder man legt sich ein Hochbeet an. **Gurken, Zucchini, Paprika, Tomaten, Salate, Rucola oder Bärlauch können hier entstehen.** Samen für dieses Projekt findest du derzeit noch sehr gut in den Gartenabteilungen deines heimischen Baumarktes oder hier und da in Supermärkten. Sicherlich kann man diesen Samenvorrat auch sehr bequemen im Internet bestellen.

Das Wunderbare an Samen ist, sie sind unglaublich winzig und platzsparend und auch in der Anschaffung überhaupt nicht teuer. Du kannst sie also auch sehr bequem zusätzlich bevorraten und nur einen Teil davon direkt einpflanzen, um mit dem Projekt zu beginnen. Du wirst sehr schnell merken, dass dies eines der besten Investments ist, die es überhaupt gibt. Eine Packung Kräutersamen kostet wirklich nur ein winziges Taschengeld. Aber du kriegst am Ende Mengen heraus, für die du im Supermarkt viel mehr berappen müsstest. Und das alles selber hergestellt.

Wenn du aber nicht mal einen Balkon hast, dann kannst du zumindest auf einer Fensterbank in kleinen Gefäßen Kräuter anpflanzen. Dazu kannst du sogar alte und schon benutzte Verpackungsgläser nehmen, zum Beispiel ein gereinigtes Marmeladenglas oder ein Nutellaglas. Das sieht im Übrigen sehr hübsch und kreativ aus.

### Das erste Projekt: Gartenkresse anbauen

Wer ganz schnell anfangen möchte, der besorgt sich noch heute eine Packung Gartenkresse und dazu noch ein Mini-Pflanzgefäß und eine kleine Portion Erde. Kresse benötigt eine Temperatur von 15 bis 25 Grad Celsius und einen hellen Platz (Fensterbank o.ä.). Die Erde soll durchgehend befeuchtet sein, so dass die Samenkörner aufgehen können und sprießen. Jedoch soll Staunässe vermieden werden. Also einfach die Erde immer leicht feucht halten. Fertig.

Wenn alles gut läuft, hast du innerhalb von spätestens einer Woche erntereife Kresse zu Hause. Diese schmeckt sehr würzig und kann deshalb auch zum Verfeinern von Speisen, zum optischen Herrichten von Lebensmitteln, aber vor allen Dingen in erster Linie als Vitaminlieferant genutzt werden. Kresse liefert die folgenden Vitamine: **B2, B6, Folsäure und Vitamin C**. So einfach geht das. Am besten gleich mal ausprobieren und anfangen mit der heimischen Selbstversorgung!

# 59. Kapitel: Absicherung

Die Absicherung der eigenen vier Wände gehört zum A&O einer jeden guten Krisen-Vorbereitung. Absicherung bedeutet in diesem Fall:

**Uns vor unberechtigtem Zugriff dritter Personen zweckmäßig zu schützen.**

„Gelegenheit macht Diebe“ wie das Sprichwort so schön sagt und so können sogar unbescholtene Personen ihre Möglichkeit wittern, wenn man sie ihnen bietet. Das geht natürlich umso mehr bei einem Blackout von mehreren Tagen oder Wochen, in dessen Folge es mit hundertprozentiger Sicherheit zu einem deutlichen Anstieg der Kriminalitätsrate kommen wird. Wenn den ersten Leuten in deiner Nachbarschaft die überlebenswichtigen Lebensmittel ausgehen und Familien ihre Kinder nicht mehr ernähren können, dann wäre ich mir nicht so sicher, ob man bekannten Leuten noch ohne weiteres trauen könnte. Das Bild von der sogenannten Zombie-Apokalypse ist deshalb gar nicht so weit her geholt, weil es symbolisiert, mit was wir in einem solchen Fall zu rechnen hätten.

Auch die **Maslowsche Bedürfnishierarchie**, die aus dem Bereich der Psychologie stand, gibt hierüber Auskunft. Diese Theorie von den Bedürfnissen der Menschen sagt im Kern folgendes aus: Bevor Menschen kulturelle Leistungen wie soziales Miteinander, Erfindungen oder Literatur hervorbringen können, müssen sie satt und ausgeruht sein. Das sind sozusagen Grundbedürfnisse die vorhanden sein müssen, damit Menschen auf friedliche Weise zusammenleben.

Wenn nun diese Grundbedürfnisse stark gefährdet sind oder wegfallen, könnten Unruhen, bürgerkriegsähnliche Zustände, Übergriffe und Zerstörungen die Folgen sein.

Schon jetzt rate ich dazu, Haus und Hof gegen fremden Zugriff zu sichern. Ich rate aber auch dazu, sich auf den eben geschilderten Worst-Case so gut wie möglich gedanklich, aber auch in der Praxis einzustellen.

Im Folgenden nun einige Beispiele, was zu dieser eigenen Absicherung sehr gut beitragen kann:

## Ordnung und Übersichtlichkeit

Lagere alle deine Vorräte und Ausrüstungsgegenstände an einem gut begehbaren Platz und wohlgeordnet. Du solltest in der Lage sein, alles auch bei totaler Dunkelheit finden zu können. Nutze dazu Einbauregale oder Schränke oder Schwerlastregale. Letztere bieten eine sehr hohe Standfestigkeit und die Möglichkeit alles gut zu sortieren.

Trenne dich von unnötigem Ballast, also von Sachen, die nur rumstehen und gar keine Verwendung mehr haben. Dies erleichtert dir in Krisen sofort reagieren zu können.

**Ordnung und Übersicht haben nichts mit Pedanterie zu tun, sondern sind vielmehr ein Lifehack, der deine Leistungsbereitschaft in der Krise, aber auch bereits jetzt erhöht.**

Nicht umsonst sind die Spinde bei der Armee alle nach demselben Muster einsortiert. Jeder kann also alles selbst bei Dunkelheit finden.

## Schutz vor Ausspähung

Schütze deinen Bereich vor Ausspähung. Kriminelle beobachten ihre vermeintlichen Opfer oftmals einige Tage vorher, bevor Sie zuschlagen. Sie informieren sich auf diesem Weg nach Schwachstellen des Objektes und nach der Zusammensetzung und dem Verhalten der Bewohner.

Sichtzäune oder hohe Büsche können den Blick in die heimischen Fenster verhindern oder zumindest verschleiern. Ebenso sind halbdurchsichtige Gardinen am Tag geeignet, um einem Beobachter von außen die Sicht zu erschweren. Umgekehrt solltest du aber einen ungehinderten Blick nach draußen in alle Richtungen haben, um deine Umgebung jederzeit im Blick haben zu können.

**Bei Auffälligkeiten gibt es eine Grundregel:**

- Passiert eine Auffälligkeit einmal, solltest du sie dir einprägen, denn sie könnte etwas bedeuten.
- Passiert dieselbe Auffälligkeit ein zweites Mal, besteht eine hohe Wahrscheinlichkeit, dass irgendjemand etwas gegen dich im Schilde führen könnte.
- Passiert dieselbe Auffälligkeit ein drittes Mal, kann es überhaupt keinen Zweifel geben, dass irgendetwas geplant wird. Spätestens jetzt musst du tätig werden.

<u>Ein Beispiel:</u>

*Eine Person hantiert in auffälliger Weise vor deinem Anwesen mit dem Handy. Es sieht so aus, als wolle sie sich selber fotografieren oder sie telefoniert mit irgendwem. Sie bleibt dabei auffällig lange vor deinem Bereich stehen. Das wäre die erste Auffälligkeit.*

*Zwei Tage später passiert genau dasselbe. Wieder dieselbe Person, nur dieses Mal steht sie und macht sich Notizen. Sie hält sich wieder viel zu lange vor deinem Haus auf.*

*Wieder einige Tage später begegnest du auf deiner abendlichen Runde mit deinem Hund dieser Person, die um die Häuser schleicht.*

Es kann mit an Sicherheit grenzender Wahrscheinlichkeit davon ausgegangen werden, dass hier jemand etwas gegen dich im Schilde führt. Wenn du solche Warnzeichen rechtzeitig erkennst, hast du gute Möglichkeiten, um Abwehrstrategien zu entwickeln und somit die Gefahr bereits um Keime zu ersticken. Missachtest du solche Zeichen, wirst du leicht zum Opfer von Menschen, die ihr Spiel mit dir treiben wollen.

## Ergänzende Tipps und Hinweise

Bei Abwesenheit sollen alle Fenster verschlossen sein. Türen sind mehrfach abzuschließen. Deine **Schlüssel** solltest du an einer **Fangschnur** fest mit deiner Hose verbunden haben. Fangschnur bedeutet, dass das eine Ende mit den Schlüsseln verbunden ist und das andere mit der Gürtelschlaufe deiner Hose. So ist ein Verlust der Schlüssel unmöglich. Auch wird es niemals vorkommen, dass die Schlüssel am Auto oder an der Haustür unbeabsichtigt außen stecken bleiben. Du wirst es nicht glauben, aber das kommt wirklich sehr häufig bei Leuten vor.

Wer es Dieben so leicht macht, der braucht sich nachher nicht zu wundern. Ein Schlüssel an einer Fangschnur befestigt wird dies für immer ausschließen. Außerdem sparst du eine Menge Geld, die du dann nicht mehr dem Schlüsseldienst überreichen musst, denn auch aussperren gehört von nun an der Vergangenheit an.

**Sei nicht allzu redselig**, was deine Vorbereitung und insbesondere deine materiellen Güter angeht. Die Leute könnten „Ohren bekommen" wie man so schön sagt. Umso weniger du über deine privaten Verhältnisse berichtest, desto besser. Jeder Geheimdienstmitarbeiter und jeder Angehörige eines Spezialkommandos verhält sich nach diesen Grundsätzen der Unauffälligkeit. Das kann sogar so weit gehen, dass man sich absichtlich naiv verhält, obwohl genau das Gegenteil der Fall ist. Falsch wäre es hingegen, anderen exakte Kenntnisse darüber zukommen zu lassen, über welche tollen Geräte und welche prächtigen Vorräte man verfügt. Dies kann sich blitzartig herumsprechen und plötzlich stehen viele Leute an deiner Haustür und bitten um Einlass (Achtung: Zombie-Apokalypse ☺)

## Highlight: Eigene Schutzhunde

Dir ist sicherlich bekannt, dass sowohl Spezialkräfte beim Militär, als auch die Polizei über spezielle Schutzhunde verfügen. Jeder von uns weiß, wie abschreckend diese Hunde eingesetzt werden können. Bei großen Demonstrationen wirkt nichts mehr einschüchternd, als diese Tiere. Denn jeder weiß, was sie zu leisten imstande sind. Hunde können mit ihrem Instinkt und mit ihren Sinnesmerkmalen wunderbare Helfer für dich sein.

**Sie hören besser, sie sehen besser (insbesondere bei Dunkelheit) und haben einen besseren Geruchssinn als wir Menschen.**

Ihnen ist es also möglich, eine potenzielle Gefahr viel früher zu identifizieren und darauf zu reagieren. Durch das frühzeitige bellen alarmieren sie dich.

**Das Bellen bewirkt aber auch, dass ein potentieller Angreifer frühzeitig von seinem Plan abgebracht werden kann.**

Umso größer der Hund, desto größer die Abschreckungswirkung. Welcher Einbrecher wird wohl so dumm sein, dass er in ein Objekt eindringt, bei dem er es erstmal mit einem Rudel Schäferhunde zu tun bekommt, wobei er sich gleich überlegen kann, wie das Ganze wohl für ihn ausgehen wird.

Hunde sind außerdem in der Lage, bei Gefahr sehr schnell zuzupacken und nicht nur einen sondern gleich mehrere Angreifer erfolgreich in Schach zu halten. Im Idealfall haben diese Hunde dann auch eine Schutzhundeausbildung.

Die Erziehung und Führung solcher Hunde erfordert aber ein sehr hohes Maß an Eigendisziplin und Verantwortungsbewusstsein. Die Anschaffung muss deshalb wohl überlegt sein. Du musst dich darauf einstellen, dass ein Hund genauso wie ein Mensch mal seine Launen hat und dass du quasi ständig erzieherisch auf ihn einwirken musst. Ein Hund muss mehrfach am Tag seine Gassi-Runde bekommen und er muss ordentlich mit Futter versorgt werden. Du musst also jeden Tag einige Stunden nur für dieses Tier opfern.

Viele Hundebesitzer verlieren deshalb schon nach den ersten Monaten die Lust darauf. Ich empfehle deshalb für jeden, der jetzt vorhat sich einen Hund anzuschaffen, dies erstmal zu testen. Leihweise mit einem Hund aus der Nachbarschaft, der regelmäßig Gassi geführt wird, um sich mal an das Gefühl zu gewöhnen und die ersten Erfahrung zu sammeln.

**Wer die hohe Verantwortung aber dennoch nicht scheut, für den wird sein Hund der beste Freund werden.**

Du kannst dann getrost auf sämtliche Alarmanlagen und Videoüberwachungssysteme verzichten. Denn der Hund wird Tag und Nacht für dich Wache schieben. Einen besseren Wachschutz gibt es nicht. Insbesondere bei länger anhaltenden Blackouts inklusive Zombie-Apokalypse würden sich solche Schutzhunde mehr als bezahlt machen. Aber auch wenn du auf offener Straße und in gefährlichen Situationen zu Fuß unterwegs sein wirst, hättest du dieses Tier dabei und es könnte dich auch unterwegs schützen.

# 60. Kapitel: Schutz vor Bränden

Die Gefahr eines sich schnell ausbreitenden Feuers in den eigenen vier Wänden wird sehr oft übersehen. Bei der Ausbreitung von Feuern zu Hause gibt es zwei wichtige Aspekte, die von den meisten Menschen nicht gesehen werden.

Zum einen ist es so, dass die allermeisten Gegenstände die wir zu Hause haben, schnell entflammbar sind. Sie brennen also nicht erst ein kleines bisschen und dann ein bisschen mehr, sondern sie gehen direkt nach Entflammung sehr oft in einen großen Brand über. So sind Gardinen oft aus Kunststoffmaterialien gefertigt, genauso viele Decken oder Kleidungsstücke. Solche Materialien brauchen nur sehr kurzzeitig mit einem Feuer in Kontakt zu kommen und schon brennen sie lichterloh. Das wird oftmals übersehen.

**Es reicht also bereits eine kurze Unachtsamkeit.** Man stellt beispielsweise dummerweise eine Kerze in der Nähe der Gardine auf den Boden und durch einen Windzug verändert sich die Lage der Gardine, sodass sie Feuer fängt. Ist man nur zwei Minuten abwesend, kann schon das halbe Zimmer in Flammen stehen.

Nun kommt der zweite wichtige Aspekt eines Feuers zu Hause hinzu: Es ist nicht etwa das Feuer, dass das Menschenleben derart gefährdet.

**In erster Linie sind es die giftigen und sich sehr schnell verbreitenden Brandgase, die sich überall in der Wohnung ausbreiten.**

Einatmen ist hier nicht mehr möglich. Das heißt, es wird in aller Regel sehr schwer den Brand zu löschen, wenn man nicht sofort über entsprechenden Atemschutz verfügt. Oftmals besteht deshalb zum Löschen keine Chance mehr sondern es bleibt nur noch die Flucht aus den Räumen und die Alarmierung der Feuerwehr. Bis die Feuerwehr aber eintrifft, kann schon ein Großteil der Wohnung oder des Hauses zum Raub der Flammen geworden sein.

**Im Umgang mit offenem Feuer zu Hause solltest du deshalb allergrößte Vorsicht walten lassen. Dein Haushalt ist deine Basis.**

Hier bewahrst du deine gesamten Vorräte auf und hier willst du die Krise der Zukunft sicher bewältigen. Es wäre traurig, wenn du dieses Heim aufgrund einer kleinen Unachtsamkeit verlieren würdest. Dann ständen du und deine Familie wirklich auf der Straße. Für mich gelten deshalb zu Hause folgende **Sicherheitsbestimmungen**:

- Das Anzünden von Kerzen ist die Ausnahme, nicht die Regel.
- Kerzen werden immer in dafür vorgesehenen Windlichtern mit Sicherheitsglas angezündet.
- Auch Kerzen stellen ein offenes Feuer dar und müssen rund um die Uhr überwacht werden.
- Die Kerze muss dabei auf einem festen Untergrund wie einem Tisch stehen, am besten in der Mitte des Tisches.
- Die Kerze darf durch nichts überdeckt werden. Die entstehende Hitze muss sich nach oben hin frei vertei-

len können. Eine Kerze etwa in einem Regal stellt deshalb eine hohe Brandgefahr dar!

- Niemals zu viele Kerzen an verschiedenen Orten gleichzeitig aufstellen. Dies maximiert die Brandgefahr. Am besten immer nur eine Kerze zentral an einem Ort, an dem du dich auch befindest.
- Alle anderen Feuer, wie das Feuer des Campingkochers oder des Gasgrills immer nur außerhalb des festen Gebäudes betreiben.
- Alle Feuersachen wie Feuerzeug, Brandbeschleuniger und Gaskartuschen müssen so verstaut sein, dass sie nicht in die Hände von Unbefugten wie zum Beispiel Kindern geraten können.
- Nicht im Bett rauchen und Zigaretten in einem Aschenbecher ausklimmen lassen.
- Keine heiße Asche und auch keine Kohlestücke in den Müll geben.
- Vor dem Verlassen des Gebäudes immer explizit Herdplatten kontrollieren und prüfen ob alle Kerzen gelöscht wurden.

Vieles von dem was ich hier aufgezählt habe, dürfte den meisten Menschen ohnehin klar sein. Trotzdem kommt es ständig zu schlimmen Bränden eben aufgrund falschen Verhaltens. Die Folgen sind aber fatal. Deshalb habe ich es mir zur Angewohnheit gemacht, mich in den eigenen vier Wänden tatsächlich strikt an diese Regeln zu halten, um hierzu jedes Risiko eines Brandes auszuschließen.

## So kannst du schnell zum Retter werden

Solltest du in deiner Umgebung als erster auf ein Feuer aufmerksam werden, dann gilt es ebenfalls zu handeln. Nicht nur um anderen Menschen zu helfen, sondern genauso um dich selber zu schützen, denn Brände in deiner Umgebung können sehr schnell Auswirkungen auch auf dich haben. Hörst du also von der Ferne den schrillen Ton eines Rauchmelders oder nimmst du Brandgeruch wahr, dann gilt es sofort alles stehen und liegen zu lassen und die Umgebung ausführlich zu inspizieren.

**Woher kommt der Rauch?**

**Woher kommt der Rauchmelder-Signalton?**

**Gibt es bereits sichtbares Feuer?**

Achtsamkeit kann solche entstehenden Unglücke sehr schnell und effektiv eindämmen. Mir selber ist es dadurch gelungen, bereits schon den einen oder anderen Brand von fremden Häusern und Wohnungen erfolgreich zu stoppen, weil ich der erste und einzige war, der auf die Warnzeichen sofort reagiert hat. Die große Dankbarkeit so mancher Hausfrau war mir deshalb gewiss.

## Feuerlöscher und Brandbekämpfung

Sollte es dennoch mal zu einem Zwischenfall kommen, so kann ein gerade entstandener Brand durch geeignete Feuerlöscher gelöscht werden. Du solltest also für dein Zuhause einen oder mehrere **Feuerlöscher griffbereit** haben. Wenn der Brand gerade erst begonnen hat, kann er mit einem geeigneten Feuerlöscher sofort bekämpft werden.

Wenn nichts anderes bei der Hand ist, sind sofort **Eimer und Töpfe mit Wasser** zu füllen und (bei Bränden im Anfangsstadium) ohne Rücksicht auf das Mobiliar und auf das Brandgut zu schütten. **Noch brennendes oder glimmendes Material sofort aus den eigenen vier Wänden zerren und an freier Luft abbrennen lassen.** Schmoorbrände bewirken nämlich, dass noch glimmendes Material sich auch noch nach Stunden wieder entzünden kann. Dies kannst du verhindern, indem Dinge die gebrannt haben, nach draußen befördert werden und dort in Ruhe ausklimmen können.

Die meisten Haushalte haben die Möglichkeit, einen **Gartenschlauch an die Wasserleitung anschließen** zu können. Wenn du darüber verfügst, kannst du auch notfalls selbstständig gegen mittlere Brände angehen, bevor die Feuerwehr eintrifft. Da jede Minute zählt, ist dieses Verhalten absolut richtig und zweckmäßig.

**Ausnahmen:**

! Fettbrände sind auf keinen Fall mit Wasser zu löschen. **Explosionsgefahr!** Vielmehr ist dem Brand der Sauerstoff zu nehmen (Deckel auf Topf). Gleichzeitig Herd ausstellen.

! Zur Brandbekämpfung an der Elektrik erst die Sicherung rausnehmen, dann mit Schaumlöscher löschen. Kein Wasser verwenden!

! Pulverlöscher sind für Innenräume ungeeignet. Die Wohnräume werden erheblich verschmutzt.

## Löschen von Personen

Wer selber in Brand geraten ist, muss sofort brennende Kleidung vom Leib reißen und sich auf dem Boden wälzen, um damit die Flammen zu ersticken. Fatal wäre es wegzurennen, damit würde das Feuer sogar noch Sauerstoff erhalten, was es nur noch intensiver brennen lässt. In Panik geratene Menschen musst du dementsprechend sehr entschlossen anleiten und sie ablöschen (Feuerlöscher, Kleider vom Leib)

Löschdecken können im Extremfall auch improvisiert hergestellt werden, indem gewöhnliche Decken schnell mit viel Wasser getränkt werden und über brennende Personen geworfen werden oder über den Brandherd gelegt werden. Eben solches kann ich schnell mit meiner Kleidung machen. Löschmannschaften der Feuerwehren tragen zum Eigenschutz äußerst schwer entflammbare Kleidung.

Wenn es um Leben und Tod geht, gilt es immer schnell und entschlossen vorzugehen!

## Rauchmelder

Die gesetzlich vorgeschriebenen Rauchmelder sind tatsächlich eine sehr gute Erfindung, um Brände frühzeitig zu erkennen. Sie haben sicherlich schon dazu beigetragen, dass ein oder andere Menschenleben zu retten. Ich empfehle diese Rauchmelder daher für alle Zimmer. Bei entstehendem Rauch geben sie ein schrilles Warnsignal ab und machen so auf eine versehentlich eingeschaltete Herdplatte, beziehungsweise auf eine rauchende Pfanne auf diesem Herd aufmerksam und das noch bevor Schlimmeres passiert ist.

### Atemschutzmasken

Professionelle Atemschutzmasken runden das Portfolio ab. Gerade wenn wir an die Einsatzmöglichkeiten solcher Schutzmasken denken, die ja doch sehr breit gefächert sind. So können wir auch nie ausschließen, dass es in unserer Umgebung irgendwann einmal zu einem Chemieunfall kommt, indem eine Industrieanlage brennt und die Rauchschwaden auch zu uns ziehen. Wie wichtig die Atmung ist, merken wir immer dann erst, wenn die Luft wegbleibt. Unter normalen Alltagsbedingungen wird das so gut wie nie der Fall sein. Wer aber schon jemals das Gefühl hatte zu ersticken, der weiß wovon ich rede. Unter gewissen Umständen können solche Atemschutzmasken also tatsächlich lebensrettend sein. Es schadet nie, diese griffbereit zu haben.

# SCHLUSS

Die Energiewende ist in Deutschland beschlossene Sache. Im Zuge dieses Ausbaus erneuerbarer Energien hat Deutschland sich verpflichtet, die Atomkraftwerke vollständig abzuschalten und die Kohlekraftwerke nach und nach herunterzufahren. Der Bevölkerung wurde damit vorgegaukelt, dass bereits jetzt die erneuerbaren Energien den Großteil unseres Energieverbrauchs decken würden. Das ist mitnichten so.

Nicht nur die überwiegende Menge des Erdgases wurde bisher durch Russland bereitgestellt, nein auch fast 50% der verbrauchten Steinkohle kommen aus Russland. Nun könnte man annehmen, das erneute Zuschalten der alten Atomkraftwerke könnte eine Lösung darstellen. Unabhängig davon, ob das technisch überhaupt noch möglich ist, droht hier weiteres Ungemach, denn dreimal darf man raten, wer uns bisher die Brennstäbe unter anderem geliefert hat: Ja genau: Russland.

Ein Fünfjähriger kann sich nun vorstellen wie die Lage nun um uns bestellt ist. Der Energieengpass ist bereits eingetreten und wird mit jedem Tag und mit jeder Woche prekärer. Alle in diesem Buch dargestellten Szenarien können eintreten. Vielmehr ist es keine Frage mehr, *ob* das passieren wird, sondern nur noch *wann*. Und es ist bereits Allgemeinwissen, dass uns nur noch wenige Monate zur Verfügung stehen, um adäquat jeder für sich aber auch als Gesellschaft ausreichend reagieren können.

Es ist nicht übertrieben zu sagen: Wir stehen an einem Abgrund. Es ist nur noch eine Frage der Zeit, bis die neue *Stunde Null* gekommen ist.

Die einzige Chance sich und seine Familie sicher durch die herannahende Krise zu manövrieren liegt darin, sich vorzubereiten. Umso mehr Menschen diesen Weg nun für sich entdeckt haben, desto wahrscheinlicher wird ein guter Ausgang der Krise. Ganz sicher stehen uns allen harte Zeiten bevor. Aber wenn wir uns auf unsere Kräfte und unsere Fähigkeiten besinnen und wenn wir klug und mutig handeln, dann können wir alles schaffen. Die Menschheit hat im Laufe ihrer Geschichte schon vieles überstanden und sie wird auch dies überstehen.

**Das Rückgrat der Gesellschaft bilden alle diejenigen, die nun bereits begonnen haben der Katastrophe zu trotzen.**

**Du bist einer von diesen Menschen!**